Saluto – Das Programm für Lebensqualität pur

Dr. Elmar Wienecke

Saluto –

Das Programm für Lebensqualität pur

> Fitness für Körper und Geist

> Aktiv gegen freie Radikale

> Vitamine für die Seele

südwest

INHALT

Machen Sie den Test: Sind Sie gut beweglich und elastisch, oder sind Muskeln und Gelenke schon etwas »eingerostet«?

Moderates Bewegungstraining und auf dem Teller die richtigen »Fettkiller« – so schmelzen langsam aber sicher auch hartnäckige Speckpolster.

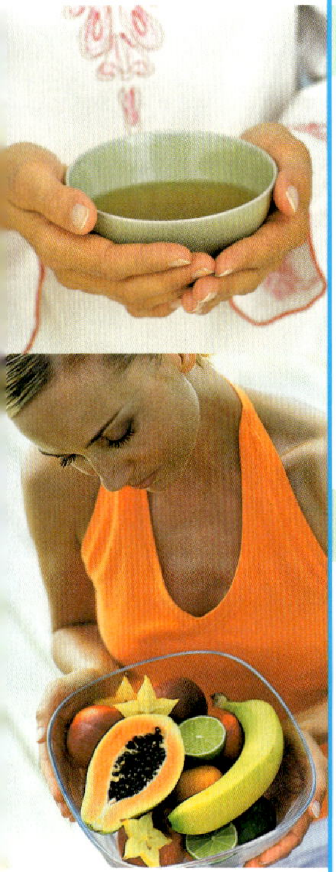

Gesund genießen ist gar nicht schwer: Die richtige Auswahl der Lebensmittel hält Ihre Zellen jung und vital.

Nährstoffmängel, Stresssymptome und schlechter Schlaf trüben die Lebensqualität. Gehen Sie aktiv dagegen an!

Liz Mohn ist Mitglied des Präsidiums der Bertelsmann-Stiftung.

Vorwort

Gesundheit – Wohlbefinden – Lebensqualität! Wünsche, die fast jeder Mensch in der heutigen Zeit für sein Leben in Anspruch nimmt. Gerade in unserer schnelllebigen Welt wird es aber zunehmend schwieriger, Körper und Geist in einem gesunden Gleichgewicht zu halten. Viele Menschen müssten für sich bereits eine dramatische Bilanz ziehen: eine ungesunde Ernährung, zu wenig Bewegung und immer wieder Stress, Stress, Stress!

Es muss als ein bedrohliches Alarmsignal gewertet werden, wenn in einer Studie der Bertelsmann-Stiftung in Zusammenarbeit mit SALUTO fast 40 Prozent der Probanden bereits erhebliche Defizite im Mikronährstoff-Haushalt, zum Beispiel bei Zink, Selen oder Magnesium aufwiesen. Dass heute viele Lebensmittel nur noch einen Bruchteil von Mineralstoffen, Spurenelementen und Vitaminen aufweisen, kann nur als ein Argument von vielen herangezogen werden.

Vielmehr müssen wir uns alle selbst fragen: Tun wir genug für unseren eigenen Körper und unsere Seele? Sind es nicht vielmehr auch unsere Gewohnheiten und unser Verhalten, durch das wir unsere Gesundheit beeinträchtigen und damit unsere Lebensqualität gefährden? Wer von uns geht regelmäßig in eine Arztpraxis oder in ein anerkanntes Institut, um seine Mikro-Nährstoffe zu analysieren oder seine körperliche Kondition zu checken?

Gesundheit – Wohlbefinden – Lebensqualität! Dies alles fängt bei einem selber an! Als ich vor Jahrzehnten mit meinem Sportprogramm begann, habe ich nicht geahnt, dass ich heute jeden Morgen ca. 1,5 Stunden ohne Schwierigkeiten durchhalte: Joggen, Schwimmen, Gymnastik und Fitnesstraining! Dabei sind nicht gleich die ersten Kilometer von Bedeutung – sondern der erste Schritt zu einem neuen Bewusstsein, einem neuen Handeln und einer neuen Lebensqualität!

Aber denken Sie auch daran, wie wertvoll Ihr Beispiel für andere sein kann. Wenn heute bereits viele Kinder und Jugendliche nicht mehr auf einem Bein hüpfen, rückwärts laufen oder einfachste Fangübungen beherrschen, dies sind gravierendste Mängel an Koordination und Kondition. Spätestens in einer der nachfolgenden Generationen droht Deutschland der Bewegungsinfarkt. Denken Sie deshalb daran, dass Sie durch Ihr Fitness-Programm nicht nur etwas für sich selber tun, sondern auch gerade unseren Kindern und Jugendlichen ein wertvolles Vorbild sein können.

Sportlich aktiv sein, sich gesund ernähren, Freude an der Bewegung haben und positiv in den Tag starten – das sind die Bausteine für Lebensqualität pur! Und es muss nicht immer alleine geschehen – Sport bedeutet auch Gemeinschaft, Zusammengehörigkeitsgefühl und Teamgeist. Und auch das gehört zu Lebensqualität pur!

Über Jahre haben Herr Dr. Elmar Wienecke und ich in verschiedenen Projekten der Bertelsmann-Stiftung vertrauensvoll und gut zusammengearbeitet, um wichtige Aufklärungsarbeit zu leisten. Ich kann nur hoffen, dass das Buch und seine Anregungen für Sie der Start in ein neues Leben wird mit mehr Gesundheit, mehr Wohlbefinden und mehr Lebensqualität pur!

LIZ MOHN

Mitglied des Präsidiums der Bertelsmann-Stiftung, Gütersloh

Eingefahrene Gewohnheiten machen uns oft das Leben unnötig schwer. Überwinden Sie die innere Trägheit, und werfen Sie überflüssigen Ballast über Bord – Sie werden sich wundern, wie beschwingt und »schmerzlos« Sie wieder fit und vital werden können.

Wir nutzen das erste Drittel unseres Lebens, um Geld zu verdienen, das zweite Drittel, um die Gesundheit wiederzuerlangen, die auf der Strecke blieb, um das letzte Drittel unseres Lebens genießen zu können. Verschieben Sie nicht auf später, was Sie gleich ab heute für mehr Lebensqualität tun können.

Die Weichen neu stellen

Warum ist das Leben eines Menschen von Unzufriedenheit und Krankheit überschattet, während das eines anderen von Glück geradezu erstrahlt?
Schicksal, werden Sie sicher sagen. Nein! Sie haben die Macht, durch die Art Ihres Denkens und Handelns einen entscheidenden positiven Einfluss auf den Verlauf Ihres Lebens zu nehmen.

Die Einsicht kam aus bitterer Erfahrung

Pure Lebensqualität bedeutete für mich zu meiner aktiven Trainertätigkeit in der 2. Fußballbundesliga und der Amateuroberliga (heute Regionalliga): in der entscheidenden Phase des Spiels den Sieg davonzutragen. Doch dann gab es einen Einschnitt, der mich beinahe das Leben kostete. Mit 32 Jahren erlitt ich während einer Autofahrt plötzlich eine Lungenembolie und verbrachte mehrere Tage auf einer Intensivstation. Warum traf das gerade mich, der sich seit Jahren mit den vorbeugenden Erkenntnissen der gesundheitlichen Vorsorge beschäftigte? Radikal änderte ich mein Bewegungsverhalten, achtete auf eine ausgewogene Ernährung und führte regelmäßig höher dosierte Vitamine und Spurenelemente zu.
Heute schöpfe ich pure Lebensqualität aus dem frühmorgendlichen Krafttraining, dem Laufen, dem bewussten Wahrnehmen der Natur und dem wunderbaren Gefühl, schon etwas Gutes für mich an diesem Tag getan zu haben.

Ziele setzen und Ziele erreichen

Mittlerweile habe ich aus den zahlreichen Erfahrungen bzw. Untersuchungen an über 15 200 Menschen verschiedener beruflicher Metiers ein neues Wertebild entwickeln können. Heute bedeutet es einen Sieg für mich, Menschen zu begeistern und zu motivieren, aktiv etwas für sich zu tun und nicht erst einzugreifen, wenn der gesundheitliche Leidensdruck schon groß ist – sei es ein 35-jähriger Topmanager oder der Krebspatient, der erst mit 80 Jahren über seine Lebensqualität nachzudenken beginnt.

Pure Lebensqualität beinhaltet Zufriedenheit und Glück. Und das fällt uns nicht einfach in den Schoß, sondern ist eine tägliche Aufgabe. Am wichtigsten dabei: die Erhaltung unserer Gesundheit. Körperliche, geistige und seelische Vitalität sind untrennbar miteinander verknüpft und bilden die Basis, um unsere persönlichen Wert- und Glücksvorstellungen verwirklichen zu können.

Eingefahrene Gewohnheiten machen uns oft das Leben unnötig schwer. Überwinden Sie die innere Trägheit, und werfen Sie überschüssigen Ballast über Bord – Sie werden sich wundern, wie beschwingt und »schmerzlos« Sie wieder vit und vital werden können.

Der Anfang ist gar nicht schwer

Das vorliegende Buch richtet sich an alle Menschen, egal wie alt sie sind, die lernen möchten, mit

- wenig Anstrengung,
- dosierter Bewegung
- ausgewogener Ernährung
- gezielter Nahrungsergänzung durch Mikronährstoffe
- gesundem Schlaf
- und der Macht positiver Gedanken

ein erfülltes Leben zu erreichen und Gelassenheit auszustrahlen. Etwas Vorbeugendes zum Schutz der eigenen Gesundheit zu tun und Spaß dabei zu haben sind die angenehmen Begleiterscheinungen. Ich wünsche Ihnen viel Freude beim Lesen und auf Ihrem Weg zu einem harmonischen, erfolgreichen und erfüllten Leben! Es ist nie zu spät! Fangen Sie an. Vielleicht zählen Sie schon morgen zu denjenigen, die über ihre Sorgen von gestern nur noch lächeln können.

Dr. Elmar Wienecke

Körperkult und kein Ende? Darum geht es hier nicht, vielmehr um Ihre Gesundheit. Denn ohne diese können sich Kunst und Wissen nicht entfalten, vermag Stärke nichts auszurichten, und Reichtum und Intelligenz liegen brach.

Lebensqualität pur – was ist das eigentlich?

Was Lebensqualität für Sie bedeutet, wissen Sie selbst am besten. Vielleicht erfüllte Beziehungen in Partnerschaft und Familie, Erfolg im Beruf, interessante Freizeitaktivitäten, Reisen in ferne Länder, sportliche oder geistige Leistungen, viel Spaß und fröhliche Geselligkeit mit Freunden, Naturerlebnis und und und... Sie selbst bestimmen, was für Sie persönlich Lebensqualität ausmacht.

Einen gemeinsamen Nenner gibt es aber, der die Voraussetzung für alle Vorstellungen von Zufriedenheit und Glück ist: Gesundheit, ein umfassendes körperliches, geistiges und seelisches Wohlbefinden, das Ihnen überhaupt erst ermöglicht, Ihre individuellen Ziele zu verfolgen und zu erreichen.

Aber gerade daran hapert es nicht selten, vor allem in den so genannten besten Jahren – in der Lebensmitte oder jenseits dieser imaginären Grenze. Das müssen Sie nicht als naturgegeben hinnehmen. Wir zeigen Ihnen den Weg, wie jedes Lebensalter auch für Sie »das beste« wird. Kommen Sie mit!

Selbstverantwortung tut gut

Eigentlich geht es uns doch gut: Unsere Lebenserwartung steigt seit vielen Jahren stetig an, kaum jemand muss wirklich Hunger leiden, und viele Krankheiten, die von unseren Vorfahren noch hilflos erlitten werden mussten, können heute durch die moderne Medizin wirkungsvoll bekämpft werden.

Dennoch fühlen sich die wenigsten so, als seien sie im irdischen Paradies angekommen – Gesundheit ist eben mehr als lediglich die

Verlängerung von Lebensjahren. Zudem gibt es neue Krankheiten, die gerade auf der Basis heutiger Lebensgewohnheiten im Vormarsch sind, z. B. Herz-Kreislauf- und Stoffwechselkrankheiten oder durch Übergewicht oder Fehlbelastungen entstehende Schäden an Knochen und Gelenken.
Und was die Ernährung angeht: Da erschüttern Lebensmittelskandale und immer neue Hiobsbotschaften über Schadstoffbelastungen oder zurückgehende Nährstoffdichte in unseren Nahrungsmitteln das Vertrauen.

Bereits im Jahr 2000 gaben private Haushalte in Deutschland umgerechnet 30 Milliarden Euro direkt für ihre Gesundheit aus. Dieser Betrag ist seither gewaltig gewachsen und wird weiterhin steigen, denn Vorsorge liegt immer mehr in unserer eigenen Verantwortung.

Private Vorsorge wird immer wichtiger

Dennoch haben wir ausgezeichnete Möglichkeiten, unsere Lebensqualität zu verbessern und sollten dies unbedingt auch wahrnehmen. Die nicht endende Debatte um die Reform unseres Gesundheitssystems macht deutlich, dass wir uns nicht mehr ausschließlich auf die Leistungen von Ärzten und Krankenkassen verlassen dürfen, wenn es um unser Wohlergehen geht.
Klar ist vor allem eines: Wir müssen selbst dafür sorgen, dass vermeidbaren Krankheiten vorgebeugt wird. Aber betrachten Sie nicht nur die schlechte Botschaft – dass jeder Einzelne mehr zu seiner Versorgung im Krankheitsfall beitragen muss – sondern vor allem die gute: Wir haben die Chance, gesundheitsbewusster mit unserem Leben umzugehen und werden dabei nur gewinnen. Nicht nur dürfen wir hoffen, seltener und weniger schwer zu erkranken und ein gesundes Alter zu genießen, sondern wir können geistig beweglich bleiben, unsere Freizeit aktiv nach unseren Interessen gestalten und all das steigern, was für jeden von uns seine ganz individuelle Lebensqualität ausmacht. Dabei wollen wir Ihnen helfen. Wir machen Angebote, Sie wählen und probieren aus, denn schließlich wissen Sie am besten, was Ihnen gut tut und Ihr Leben wirklich bereichert.

Ein bisschen Sport ist auf alle Fälle schon viel besser als überhaupt keine Bewegung – und oft sogar viel gesünder, als allzu heftig den Körper zu »stählen«. Die Hemmschwelle sollte rasch fallen, wenn Sie das Ideal der supergetrimmten Schönen mit »Waschbrettbauch« und schwellenden Muskeln vergessen.

Kommen Sie in Bewegung!

Obwohl das allgemeine Interesse an Gesundheitsthemen so groß ist wie nie zuvor, sprechen die Fakten eine andere Sprache: Nach neuesten Erhebungen sind 75 Prozent der Deutschen überhaupt nicht oder kaum sportlich aktiv (Deutsches Ärzteblatt, Heft 15, 11.04.03).
Diese Zahl erscheint umso merkwürdiger, als rings umher Fitnessstudios nur so aus dem Boden schießen und stetig wachsende Mitgliederzahlen verzeichnen. Nur allzu oft scheint der Beitritt aber Folge eines heldenmütigen Entschlusses zu sein, der dann wenig Konsequenzen hat: Sich anzumelden und dann auch regelmäßig zu trainieren sind eben zwei sehr verschiedene Dinge. So kommt es, dass ein Großteil der vermeintlich sportlich Aktiven im Grunde »Karteileichen« der Studios und Sportvereine sind.

»Sportskanonen« sind nicht das beste Vorbild

Vielen fällt es offensichtlich auch deshalb sehr schwer, mehr Bewegung in ihr Leben zu bringen, weil sportliche Betätigung bei uns noch immer stark mit dem Leistungsprinzip verknüpft ist. Das heißt, man hängt sich die Latte einfach zu hoch und ist bald frustriert, weil man nicht mithalten kann mit den Sportenthusiasten, die neben uns im Studio wohlgeformte Muskeln spielen lassen, während sie scheinbar mühelos immer schwerere Gewichte stemmen, oder die uns beim gemütlichen Fahrradausflug auf dem schnittigen Rennrad überholen. So mancher sagt sich da: »Warum soll ich mich in meiner Freizeit abkämpfen und dabei noch eine schlechte Figur machen, um am Ende nur ausgepumpt und erschöpft zu sein, Muskelkater garantiert?« Ganz Unrecht hat er damit nicht, obwohl er den falschen Schluss zieht, wenn er sich zur »Couchpotatoe«, wie Amerikaner notorische Bewegungsmuffel nennen, zurückverwandelt.

Die Säulen für Ihre Lebensqualität

- **Regelmäßiges moderates Bewegungstraining**
- **Ausgewogene Ernährung mit möglichst hochwertigen Lebensmitteln**
- **Gezielte Analyse von eventuell bestehenden Nährstoffmängeln und deren Kompensation durch sinnvolle Nahrungsergänzung**
- **Gesunder Ausgleich zwischen An- und Entspannung durch bewusste und aktive Gestaltung eines entsprechenden Lebensstils**
- **Regelmäßiger und erholsamer Schlaf**
- **Gezielte Pflege auch der oft vernachlässigten Fußgesundheit sowie Mund- und Zahnhygiene**

In verschiedenen Untersuchungen sind wir, die SALUTO (Gesellschaft für Sport und Gesundheit), in Zusammenarbeit mit dem Arbeitsbereich Sportmedizin der Universität Bielefeld und anderen Partnern den Zusammenhängen zwischen sportiver Bewegung und Gesundheit nachgegangen. Immer wieder erwies sich: Moderates Bewegungstraining und hochwertige Ernährung sind die Schlüsselfaktoren für unser Wohlbefinden.

Zu viel ist gar nicht gesund

Die Dosis entscheidet auch beim Sport, ob körperliche Bewegung gesundheitsfördernd ist oder eher schwächt und anfällig macht. Wie sehr übertriebener sportlicher Ehrgeiz schaden kann, ist vielfach belegt. So zeigten z. B. unsere Untersuchungen, dass von 455 Menschen, die sich über 20 Jahre mindestens zweimal pro Woche erschöpfend sportlich betätigten als Ausgleich für beruflichen und privaten Stress, 75 Prozent schwere Erkrankungen wie z. B. Herzinfarkt oder Krebs erlitten. Offensichtlich war ihr »Ausgleichstraining« als Gesundheitsvorsorge nicht nur ineffektiv, sondern sogar kontraproduktiv. Mehr über die Auswirkungen von körperlicher Über- oder Fehlbelastung erfahren Sie ab Seite 31.

Das persönliche Bestmaß finden

Sie müssen nicht besonders schnell laufen, weit werfen oder endlose Wiederholungen an Trainingsgeräten absolvieren, um etwas für Ihre Gesundheit zu tun. Das Rezept für mehr Lebensqualität ist ein-

Jedes dritte Kind in Deutschland ist deutlich zu dick, »adipös«, wie die Ärzte sagen. Mit den Zusatzpfunden verliert sich auch die Bewegungsfreude, und fast immer resultiert daraus ein übergewichtiger, körperlich träger Erwachsener.

Bringen Sie Ihre Familie auf Trab, und sorgen Sie für gemeinsame sportliche Aktivität in der Freizeit!

fach: Sie sollten sich entsprechend Ihren persönlichen physischen Voraussetzungen bewegen und nicht nach vorgegebenen Idealwerten. Hören Sie auf, neidisch nach den Schlanken und Schönen in den Medien zu schielen oder strahlende Sieger im Leistungssport zum Maß zu nehmen! Kinder verfügen noch über natürliche Bewegungsfreude, die ihnen leider oft bereits in der Schule verleidet wird durch leistungsbetonten Wettkampfsport oder Hänseleien der motorisch begabteren Klassenkameraden. Sollten auch Sie zu den Menschen gehören, denen der Spaß an körperlicher Bewegung längst vergangen ist: Lesen Sie ab Seite 48, welche Bewegungsformen nicht nur gesund sind, sondern auch mehr Lebensfreude bringen und welches Maß an sportlicher Belastung für Sie persönlich sinnvoll ist.

Hexenschuss und schmerzende Füße?

Oft sind es ganz handfeste Gründe, die einem die Freude an der Bewegung vermiesen. Nach Untersuchungen der Krankenkassen haben 72 Prozent aller Deutschen irgendwann mehr oder weniger starke Rückenschmerzen. Das reicht von Muskelverspannungen über Kreuzschmerzen bis hin zum berüchtigten »Hexenschuss« oder gar einem akuten Bandscheibenvorfall. Ursachen für diese Beschwerden gibt es zahlreiche: Fehlhaltungen, Überbelastung der Wirbelsäule, Übergewicht, eine zu schwach ausgebildete Rückenmuskulatur, Dauerstress. Da hilft nur vorbeugen durch gezielte Übungen für den Rücken, damit es gar nicht erst so weit kommt, dass Sie sich nur noch unter Schmerzen rühren können.

Weitere »Problemzonen« sind die Füße – meist sträflich vernachlässigt und malträtiert. Die richtige Pflege, Fußgymnastik und wirklich passendes Schuhwerk würden unser »Gehwerkzeug« schon einsatzfähig halten, nur fängt man meist erst damit an, wenn bereits Beschwerden auftreten.

Aber auch wenn bereits Veränderungen des Fußskeletts eingetreten sind, Hühneraugen und hervortretende Ballen drücken oder eine angeborene Beinverkürzung vorliegt, gibt es Hilfsmittel, die das Gehen wieder zur natürlichsten und mühelosen Fortbewegungsart machen. Tipps und Übungen für einen starken Rücken und gesunde Füße finden Sie ab Seite 92.

Dem Alter ein Schnippchen schlagen

»Anti-Aging« liegt im Trend – kein Wunder in einer Gesellschaft, die sportliche Fitness und jugendliche Attraktivität zum Ideal erhoben hat, während der Anteil alter Menschen im Bevölkerungsquerschnitt stetig steigt. Zwischen der – aussichtslosen – Jagd nach ewiger Jugend und Schönheit einerseits und dem berechtigten Wunsch, gesund und in körperlicher und geistiger Frische zu altern, liegen Welten.
Wann sind Hormontherapien sinnvoll? Wie kann man typischen Alterserkrankungen wirksam vorbeugen? Was lindert auf sanfte und natürliche Weise Wechseljahrebeschwerden? Was kann man tun, wenn Gedächtnisleistung und Konzentrationsfähigkeit nachlassen? Worauf sollte man bei der Ernährung in fortgeschrittenem Alter besonders achten? Antworten auf diese Fragen können Sie im Kapitel »Älter werden – in Schwung bleiben« ab Seite 104 finden.

Untersuchungen belegen, dass man auch jenseits des 75. Lebensjahrs noch neue Muskelmasse aufbaut bei entsprechendem Training – und das ist auch dringend nötig zur Unterstützung von Knochen und Gelenken. »Zu alt« ist also kein überzeugendes Argument gegen regelmäßige Bewegung!

Lebensglück geht auch durch den Magen

Die Grundregeln einer gesunden Ernährung sind eigentlich den meisten bekannt: Täglich viel Obst und Gemüse, zudem sollte unser Essen abwechslungsreich, hochwertig und regelmäßig sein. Warum sind dennoch nur wenige Menschen bei uns wirklich optimal mit allen nötigen Nährstoffen versorgt? Dafür gibt es viele Gründe.

Frisch und hochwertig sollten unsere Nahrungsmittel sein. Verlassen Sie eingefahrene Einkaufs- und Essgewohnheiten, und nutzen Sie die angebotene Vielfalt von knackigem Obst und Gemüse, wertvollen Pflanzenölen, köstlichen Getreide- und Milchprodukten.

Gut essen ist sicher ein wichtiges Stück Lebensqualität. Leider ist es nicht immer so, dass das, was gut schmeckt auch gut tut. Lassen Sie sich überzeugen, dass daraus aber keineswegs folgt, dass gesunde Ernährung nicht schmackhaft sein kann (und werfen Sie mal einen kritischen Blick auf die Leute, die so was behaupten).

Bei den Essgewohnheiten hapert's

Eine ganze Reihe von Gründen liegen bei uns selbst. Eingefleischte und von Kindesbeinen gelernte Angewohnheiten geben wir nur schwer und ungern auf. Und dazu gehören eben auch ungesunde Ernährungsweisen: Zu viel, zu fett, zu süß – das kennzeichnet viele traditionelle Lieblingsspeisen. Hinzu kommen durch unseren Lebensstil erworbene Gewohnheiten. Viele essen sehr unregelmäßig, versorgen sich hauptsächlich mit Fast Food, Snacks oder schnell aufgewärmten Fertiggerichten.

Keine Zeit zum Einkaufen, keine Zeit und Lust zum Kochen haben viele Berufstätige. »Gut essen« findet für sie hauptsächlich im Restaurant statt, und da auch nicht gerade nach dem Kriterium, ob die Mahlzeit gesund und vollwertig ist. Informationen zu den wichtigsten Nährstoffen und deren Einfluss auf den gesamten Organismus bekommen Sie ab Seite 126.

Gut essen fängt beim Einkauf an

Immer noch einen Sonderfall stellen die deutschen Verbraucher beim Qualitätsbewusstsein dar: »Billig« sollen die Lebensmittel vor allem sein, erst danach zählt die Qualität. Nun muss eine gesunde Ernährung nicht zwangsläufig sehr teuer sein oder jedes preiswerte Lebensmittel minderwertig, aber viele hochwertige, mit Sorgfalt produzierte Nahrungsmittel haben nun mal ihren Preis. In Ländern wie z. B. Frankreich oder Italien ist man traditionell bei insgesamt niedrigeren Durchschnittseinkommen bereit, einen höheren Anteil davon für Nahrungsmittel auszugeben – nicht, weil man dort etwa mehr essen würde, sondern weil man besser isst.

Aber auch Lebensmittelskandale verunsichern den Verbraucher und lassen ihn zweifeln, welche Nahrungsmittel man noch unbedenklich zu sich nehmen kann. Wir geben Ihnen praktikable Hinweise für den täglichen Einkauf und auf welche Qualitätskriterien Sie achten sollten (siehe Seite 150f).

Vitaminpillen als gesunde Alternative?

Nahrungsergänzungsmittel sind in aller Munde – buchstäblich und in übertragenem Sinn. Was ist dran an den immer neuen »Wunderpillen« und Substanzen, die es mittlerweile in jedem Supermarkt gibt: Soll man sie nehmen oder eher doch nicht?

Hier kommt es auf die Feinheiten an. Fest steht, dass alle diese Mittel eine gesunde Kost nicht ersetzen können, also: Dauerkunde bei McDonald's sein und zum Ausgleich Vitaminpillen nehmen – das funktioniert nicht. Neueste wissenschaftliche Untersuchungen zeigen allerdings, dass der Normalbürger in den meisten Fällen mit lebenswichtigen Mikronährstoffen wie z. B. Magnesium, Zink oder Selen unterversorgt ist. Die geistige und körperliche Leistungsfähigkeit hängt von der guten Versorgung mit Mikronährstoffen ab. Hier

Neuere wissenschaftliche Untersuchungen weisen auf einen engen Zusammenhang zwischen Allergien und einer Unterversorgung mit bestimmten Mikronährstoffen hin. So konnten beispielsweise Pollenallergiker durch gezielte Nahrungsergänzung von den lästigen Symptomen der Allergie befreit werden bzw. waren diese deutlich gelindert.

Für kaputte Zähne gibt es zwar künstlichen Ersatz (auch wenn der immer teurer wird). Weniger sichtbar aber manchmal gravierender sind die gesundheitlichen Schäden, die man sich durch mangelnde Mundhygiene und streuende Entzündungsherde einhandeln kann.

kann es sinnvoll und gesundheitserhaltend sein, den Mangel durch Nahrungsergänzung zu beheben. Wie ein solcher Mangel überhaupt feststellbar ist, welche Substanzen wann und in welcher Dosierung helfen sowie wichtige Qualitätskriterien für den Einkauf von Ergänzungspräparaten erfahren Sie ab Seite 170.

Mundhygiene wird unterschätzt

Das gesundheitliche Risiko mangelnder Mundhygiene wird oft unterschätzt. Klar, zweimal täglich Zähneputzen muss sein und erspart hoffentlich so manchen Gang zum Zahnarzt – das weiß jeder. Nur ist es damit leider nicht getan. Wussten Sie, dass Bakterien aus dem Mund z. B. das Infarktrisiko deutlich erhöhen und auch zahlreiche andere gesundheitliche Beeinträchtigungen auslösen können, bei denen man gar nicht an Zahnfleisch und Zähne denkt?
Nach Aussagen der Gesellschaft für Paradontologie leiden heute bereits 95 Prozent der 18-Jährigen an einer Entzündung des Zahnfleischs (Gingivitis), ohne es zu bemerken. Wie Sie auch hier optimal vorsorgen können, erfahren Sie ab Seite 146.

Stress lass nach – so finden Sie Entspannung

Über Stress klagt jeder und meint damit Hektik und Hetze, Druck und Zwang in allen Lebenslagen. Körper und Seele müssen oft sehr unvermittelt auf alle möglichen Veränderungen reagieren, seien es Ärger, Angst, Schreck, eine Infektion oder anhaltender Kummer und Sorgen. Je besser die psycho-physische Leistungsvoraussetzung ist, desto leichter kann Stress kompensiert werden. Auch hier sind das richtige Maß an körperlicher Bewegung und eine rundum gesunde Ernährung wichtige Voraussetzungen. Aber auch die innere Einstellung zählt, und an der kann man arbeiten. Erprobte Entspannungsprogramme und einfach zu erlernende Mentaltechniken (siehe Seite 188ff.) können Ihnen helfen, langfristig Alltagsstress besser gewachsen zu sein und ein zufriedeneres und erfüllteres Leben zu führen.

Gesunder Schlaf ist Gold wert

Eine intensive Nachtruhe ist ein Elixier für körperliche und geistige Gesundheit, für seelische Ausgeglichenheit, Fitness und Gedächtnisleistung. Forscher unterteilen den Schlaf nach charakteristischen elektrischen Hirnsignalen in vier Stadien. Es gibt neue einfache Messverfahren, um die Tiefe des Schlafes festzustellen. Aber Sie wissen sowieso schon, dass Sie nicht gut einschlafen, nicht durchschlafen können oder morgens sich jedenfalls eher zerschlagen als erholt fühlen? Neben der körperlichen und seelischen Verfassung spielt auch das äußere Drumherum eine wichtige Rolle – wie man sich bettet, so liegt man. Schlummertipps finden Sie ab Seite 199.

Schlafstörungen können vielfältige Ursachen haben, die Folgen sind aber ähnlich: Leistungseinbußen, Konzentrationsstörungen, ein rundum beeinträchtigtes Lebensgefühl. Tabletten sind nur eine kurzfristige Lösung. Gehen Sie deshalb dem Problem auf den Grund, bevor der Schlafmangel chronisch wird.

Höchste Zeit für Taten

Die Auswertung einer Studie an 200 Führungskräften und einer analogen Befragung von Emnid unter 2100 Bundesbürgern ergab:

- **70 Prozent sind mit ihrem Ernährungsverhalten unzufrieden.**
- **70 Prozent können nach der Arbeit nicht abschalten.**
- **Über 75 Prozent sind weniger als drei Stunden in der Woche sportlich aktiv.**
- **78 Prozent fühlen sich stark ausgelastet.**
- **85 Prozent der Führungskräfte sehen eine direkte Beziehung zwischen Gesundheit, beruflichem Erfolg und optimalem individuellen Bewegungsprogramm. Nach einer Analyse bei Unternehmen unterschiedlicher Größe in Deutschland, Österreich und der Schweiz halten dagegen nur 15 Prozent der Unternehmen den Fitnessgedanken für wichtig.**

Leistungssportler gehören nicht gerade zu den Gesündesten im Lande – notorische Stubenhocker aber auch nicht. Es kommt ganz auf das richtige Maß an, ob körperliche Bewegung Sie gesund und gutgelaunt hält oder aber stresst und krankheitsanfällig macht.

Moderate Bewegung – besser als Spitzensport

Warum die Belastungsintensität so wichtig ist

Die Devise »Höher, schneller, weiter« ist out! Lösen Sie sich von der Vorstellung, sportliche Bewegung sei untrennbar mit Leistung verbunden. Wir sind von Natur aus darauf eingerichtet, uns täglich angemessene Bewegung zu verschaffen, nicht aber, uns in Wettkämpfen zu messen und unserem Körper Höchstleistungen abzufordern.

So wirkt Bewegungstraining auf Körper und Seele

Mehr Bewegung tut Not – das weiß eigentlich jeder. Wie man aber mit dieser Einsicht umgeht, ist höchst individuell: Für viele Menschen ist körperliche Bewegung untrennbar mit Leistungsstreben, Wettbewerb und Konkurrenz verbunden.

Das fängt in früher Kindheit unter den Spielkameraden an mit allen möglichen »Mutproben«, die körperliche Kraft, Geschicklichkeit und oft viel Leichtsinn erfordern, und setzt sich fort im Schulsport. Es gibt immer nur wenige, die motorisch besonders begabt sind und stets die Lorbeeren beim Kampf um Sieg oder Niederlage ernten – klar, dass notorische »Verlierer« und auch all die »Mittelmäßigen«, die zwar irgendwie mitkommen, aber sich nie besonders auszeichnen, bald jeden Spaß an sportlichem Spiel verlieren.

Neben anderen Faktoren ist diese frühe Demotivation ein wichtiger Grund dafür, warum körperliche Bewegung in unserer Gesellschaft nicht als selbstverständlicher Bestandteil der persönlichen Lebensqualität gilt, sondern die Geister scheidet in die große Gruppe der Bewegungsmuffel und die kleinere der geradezu fanatischen Freizeitsportler, die zwar viel, aber nicht unbedingt gesundheitsfördernd trainieren.

Risikogruppe »Gesamtbevölkerung«

Aufgrund dieser Polarisierung kann man durchaus uns alle als »Risikogruppe« bezeichnen, da nur eine verschwindend geringe Anzahl von Menschen sich in einem für sie persönlich gesunden Maß bewegt. Die überwältigende Mehrheit teilt sich auf in folgende Gruppen; in einer davon werden Sie sich vermutlich wiederfinden können:

- Überzeugte Gegner von sportiver Betätigung: »Das hat mir noch nie gut getan, und auch die Eltern (Großeltern usw.) sind steinalt geworden ohne Sport.«
- Die »Frustrierten« (besonders oft unter Kindern und Jugendlichen zu finden): »Ich gewinne ja doch nie, alle lachen über mich, eigentlich will mich niemand dabeihaben, die ganze Rumhetzerei ist doch einfach doof.«
- Die notorischen »Fehlstarter«: »Klar, mehr Bewegung wäre wichtig, aber mir fehlt einfach die Zeit (die Gelegenheit, der Spaß an der Sache), im Moment erlauben gesundheitliche Einschränkungen (berufliche Anspannung, private Sorgen) keinen Einstieg.«
- Die »Schwerarbeiter«: »Ich bewege mich im Alltag und bei der Arbeit wahrhaftig genug und brauche nicht auch noch in der Freizeit zusätzliches Training.«
- Die »Trendsetter«: »Skating (oder Biken oder Snowboarden) find ich obercool, aber die Klamotten und die Show sind mir wichtig – wenn es was Neues gibt, bin ich dabei!«
- Die »Effektiven«: »Sportlicher Ausgleich muss sein, aber bitte flott: ein schnelles Squashspiel nach Feierabend oder am Wochenende Tennisturnier bis zum Abwinken – so baue ich den Berufsstress ab.«
- Die »Höchstleister«: »Ich will an meine Grenzen kommen, ausloten, was mein Körper schaffen kann – und nur bei sportlichen Höchstleistungen sollen doch auch diese Glückshormone frei werden, oder?«

Gute Gründe, sich mehr zu bewegen, hört man von allen Seiten. Dennoch fehlt oft die Motivation, wirklich damit anzufangen. Setzen Sie sich als ersten Schritt konkrete Ziele, was Sie für sich erreichen wollen: Den labilen Kreislauf stabilisieren? Straffere Körperkonturen bekommen? Die innere Anspannung abbauen?

Die große Illusion

Die überzeugten Stubenhocker machen sich gern Winston Churchills Devise »No Sports!« zu Eigen (dies entgegnete der englische Staatsmann auf die Frage nach seinem Rezept für ein langes Leben), wobei sie nicht berücksichtigen, dass Churchills Ablehnung sich auf die typisch englischen wettkampfbetonten Mannschaftssportarten

Nicht nur Kinder brauchen positive Vorbilder! Freunden Sie sich mit Menschen an, die einen nachahmenswert gesunden Lebensstil pflegen – auch wenn das etwas unbequemer ist, als wenn der Bekanntenkreis noch träger, dicker, kranker ist als man selbst… Nach aktuellen eigenen Recherchen führen nicht einmal fünf Prozent der Deutschen zweimal in der Woche ein gezieltes regelmäßiges Ausdauertraining durch.

bezog, er ansonsten aber durchaus kein Feind jeglicher körperlicher Bewegung war. Auch übersehen sie, dass höchstwahrscheinlich ihre unsportlichen Vorfahren unter einer Vielzahl von Beschwerden, wie z. B. Rheuma, Arthritis, Diabetes litten, die man früher als unvermeidliche Alterserscheinungen hinnahm und nicht mit mangelnder körperlicher Bewegung in Verbindung brachte. Aber möchten Sie wirklich in ähnlicher Verfassung alt werden wie Ihre Eltern oder Großeltern?

Sie würden ja – wenn nur…

Sie wissen genau, dass Ihnen körperliche Bewegung fehlt, nur klappt es einfach nie, endlich mal etwas dagegen zu tun? Sprüche wie »Der Weg zur Hölle ist mit guten Vorsätzen gepflastert« oder »Es gibt nichts Gutes, außer man tut es« weisen auf ein menschliches Grundproblem hin: Die Strecke zwischen einem gedanklichen Vorhaben und dessen praktischer Umsetzung ist oft schier unüberwindlich lang… Aber, mal Hand aufs Herz, sind nicht die meisten Hindernisse die Sie angeblich von sportiver Betätigung abhalten, einfach schlichte Ausreden? Hinter den »Sachzwängen« verbergen sich häufig fehlende Motivation, Besorgnis um die körperliche Leistungsfähigkeit oder Unlust, den gewohnten Trott zu verlassen.

Keine Zeit

Das ist eine Frage der Zeiteinteilung und der Auswahl einer für Sie und Ihren Alltag passenden Bewegungsform. Wie wäre es z.B., ein Stündchen eher aufzustehen und vor der Arbeit den Tag bei einem flotten Walking zu begrüßen? Bloß nicht, denn morgens ist bei Ihnen die große Hektik, weil die Kinder versorgt und zum Kindergarten/zur Schule gebracht werden müssen? Na prima, dann haben Sie ja vermutlich am Vormittag ein Stündchen für sich, das Sie Ihrer Lieblingssportart widmen können. Durchforsten Sie einmal gedanklich Ihre Tageseinteilung – irgendwo gibt es immer etwas »Luft«, wenn Sie nur ehrlich motiviert sind und eventuell auch bereit, mal auf den Fernsehkrimi oder den Shoppingbummel zu verzichten.

Kein guter Sportler

Hier spricht der Ängstliche, der sich vor der Situation fürchtet, erschöpft und ausgepumpt und in ungewohntem Outfit ein jämmerliches Bild neben durchtrainierten Kraftgestalten abzugeben. So soll es aber auch gerade nicht sein! Sie müssen schließlich nicht Ihre Extrapfunde in hautenge »Tights«, wie die modischen Beinkleider heißen, zwängen und kilometerweit joggen oder eine Blutdruckkrise beim Gewichtestemmen im Fitnessstudio heraufbeschwören. In diesem Buch geht es um Lebensqualität, und das bedeutet: Die Art und das Ausmaß körperlicher Bewegung muss ganz individuell auf Ihre persönliche Leistungsfähigkeit, Ihre Interessen und Vorlieben zugeschnitten sein – denn nur so haben Sie Freude daran und »bleiben bei der Stange«.

Wie Sie das richtige Maß für sich bestimmen und welche Sportarten besonders gesundheitsfördernd und leicht zu erlernen sind, erfahren Sie im nächsten Kapitel ab Seite 46.

Männer haben oft noch eine höhere Hemmschwelle zu überwinden: Man weiß ja, dass man kein Arnold Schwarzenegger ist, aber sich öffentlich beim Sport als in die Jahre gekommener Schlaffi zu outen, ist doch frustrierend. Tun Sie's einfach, beim zweiten Mal ist es schon gar nicht mehr so schlimm!

Rad fahren verbindet auf ideale Weise Freizeitvergnügen mit gesundem sportlichem Training. Ob gemächlich mit dem Tourenrad oder bergauf, bergab mit dem Mountainbike: Der gute alte Drahtesel hat sich zu einem sehr vielseitigen »Sportpartner« entwickelt.

Besonders unsicher hinsichtlich ihrer Belastbarkeit sind Menschen mit erhöhtem Herz-Kreislauf-Risiko bzw. nach einem Herzinfarkt. Informationen, wie Sie am besten ein Bewegungstraining gestalten, bekommen Sie auch bei der Deutschen Herzstiftung e.V, www.herzstiftung.de.

Gesundheitliche Einschränkungen

Was viele Menschen von regelmäßiger Bewegung abhält, sind chronische Beschwerden. Da gibt es zum einen die große Palette orthopädischer Probleme, wie z. B. Fußfehlstellungen und ihre schmerzhaften Folgen, Knie- und Hüftgelenksbeschwerden oder Schäden an Wirbelsäule und Bandscheiben.

In beinahe allen diesen Fällen ist ein gezieltes körperliches Training sogar dringend ratsam, um die Muskeln zu stärken und Knochen und Gelenke zu entlasten. Es kommt dabei aber entscheidend auf die Sportart und die Intensität der Belastung an. Oft können auch kleine orthopädische Hilfsmittel Wunder wirken und wieder schmerzfreie Bewegung ermöglichen (siehe dazu auch Seite 90ff.).

Wieder Vertrauen fassen

Anders ist es bei Erkrankungen wie z. B. Diabetes, Krebs oder nach einem Herzinfarkt: Hier hält nicht der Schmerz von sportlicher Betätigung ab, sondern Unsicherheit und Angst. Man weiß nicht, was man sich noch zutrauen darf, und möchte keinesfalls ein Risiko eingehen. Andererseits rät einem der Arzt dringend zu mehr Bewegung!

▸ Sie sollten sich unbedingt einer sportmedizinischen Leistungsanalyse unterziehen, bevor Sie ein Training beginnen. Sie erfahren dabei genau, wie intensiv Sie sich belasten dürfen.

▸ Dann sollte ein Herzfrequenzmesser (gibt es in jedem Sportgeschäft zu kaufen) Ihr ständiger Begleiter bei sportlicher Bewegung sein, damit Sie jederzeit kontrollieren können, ob Ihr Puls im »grünen Bereich« schlägt (siehe auch Seite 56ff.).

▸ Oft hilft auch das gemeinsame Training mit Leidensgenossen, z. B. in einer Cardio-Sportgruppe unter ärztlicher Aufsicht, um zunächst wieder Zutrauen zum eigenen Körper zu fassen und sich mit Freude zu bewegen.

Viel Kraft und wenig dahinter

Wenig Ausdauer und damit ein eher untrainiertes Herz-Kreislauf-System haben überraschenderweise oft Menschen, die an sich einen körperlich anstrengenden Alltag haben und von daher meinen, kein zusätzliches Bewegungstraining zu brauchen.

Das Beispiel der Landfrauen und -männer (siehe Kasten) ist ohne weiteres auf Handwerker, Gärtner oder auch Hausfrauen mit kleinen Kindern übertragbar: Man kann durchaus am Abend völlig erschöpft von körperlicher Tätigkeit und trotzdem nicht fit sein. Oft bringt ein körperlich anstrengender Beruf auch Über- und Fehlbelastungen einzelner Körperbereiche mit sich, für die ein Ausgleich geschaffen werden muss, um vorzeitige Verschleißerscheinungen zu vermeiden. Vor allem aber brauchen Herz und Kreislauf ein angemessenes Training.

Wer den ganzen Tag auf den Beinen ist oder einem körperlich anstrengenden Beruf nachgeht, hat natürlich keine Lust, am Abend noch schweißtreibende Fitnessprogramme zu absolvieren. Für ein paar erfrischende Bahnen im Schwimmbad oder Walking an der frischen Luft sollte die Energie aber noch reichen.

Feldarbeit macht auch nicht fit

Wenn auch zahlreiche Maschinen heute die landwirtschaftliche Arbeit erleichtern, ist der Alltag von Bauern und Bäuerinnen doch immer noch von beträchtlich mehr körperlicher Anstrengung geprägt als der von Büroangestellten. Dennoch ergab eine sportmedizinische Untersuchung an 98 Testpersonen aus dem landwirtschaftlichen Bereich:

- **Bei einem zügigen Spaziergang erreichten viele Testpersonen bereits die aerob-anaerobe Schwelle (siehe Seite 54f.) und damit die Grenze ihrer Belastbarkeit.**
- **35 Prozent der Testpersonen litten an erhöhtem Blutdruck.**
- **Die Ausbildung der Muskulatur war hingegen besser als bei körperlich weniger aktiven Berufsgruppen.**

Nach vier Monaten eines individuell abgestimmten leichten Bewegungstrainings war die Leistungsfähigkeit der Testpersonen deutlich gestiegen, und bei einigen Hypertonikern hatte sich der Blutdruck normalisiert.

Eindrucksvoll: akrobatische Kunststücke im weißen Pulverschnee. Sichere Körperbeherrschung, gut trainierte Muskeln und reichlich Übung sind die Voraussetzung dafür, nicht eine unrühmliche (und gefährliche) Bruchlandung zu machen.

Ohne die Grundlage eines regelmäßigen, moderaten Bewegungstrainings sollten Sie sich nicht an die zumeist technisch recht anspruchsvollen Modesportarten wagen.

Trendsetter haben immerhin Spaß

Auf Inlineskates durch die Halfpipe flitzen, in Schlabberhose das Snowboard manövrieren, das Mountainbike über steinige Bergpfade mit atemberaubendem Gefälle zwingen – der Trendsetter ist immer sofort dabei, wenn eine neue spektakuläre Sportart von sich reden macht. Und wer meint, dies betreffe nur ganz junge Leute, soll sich einmal genau umschauen, wie viele Graubärte und Damen des »frühen Mittelalters« sich an schönen Tagen in abenteuerlichen Outfits mit technisch raffiniertem Sportgerät im Freien tummeln. Das soll hier auch gar nicht bespöttelt werden, denn sie beherzigen Regel Nr. 1 für ein Bewegungstraining: Spaß soll es machen, die Lebensfreude steigern! Nur oft passen die muskulären und konditionellen Voraussetzungen nicht zum ehrgeizigen Vorhaben, das Verletzungsrisiko ist enorm, und wenn der erste Unfall dann passiert ist, vergeht der Spaß blitzschnell.

Warum zu viel des Guten ganz schlecht sein kann

Die eingangs dieses Kapitels erwähnten »Effektiven« und »Höchstleister« sollten dem folgenden Abschnitt besondere Aufmerksamkeit widmen, denn für Sport unter gesundheitlichem Aspekt gilt keineswegs das Motto »Viel hilft viel«.

Die Motive für übertriebene sportliche Belastung sind vielfältig: Man möchte sich richtig »auspowern«, um nach einem bewegungsarmen Arbeitstag Aggressionen und innere Anspannung abzubauen, man möchte in einer Zeit, die kaum noch körperliche Bewährungsproben abfordert, die Grenzen ausloten und sich der eigenen Leistungsfähigkeit vergewissern, oder es geht – bei den Sportprofis – einfach um die Karriere, die in vielen Disziplinen eine stetige Überschreitung der körperlichen Schmerzgrenze erfordert.

Leistungssport ist kein Vorbild

Dass die umjubelten Stars auf den Siegertreppchen der Sportarenen gesundheitlich gefährlich leben, ist an sich wohlbekannt. Da mir durch meine Tätigkeit als Trainer von Vereinen der 2. Bundesliga und der Amateur-Oberliga (heute Regionalliga) dieser Bereich besonders vertraut ist, möchte ich einmal bei dem Beispiel Fußball bleiben. Der Laie meint: »Na klar, Fouls und Rempeleien auf dem Platz sind schuld an den vielen Verletzungen!« Nach meiner persönlichen Erfahrung und laut Umfragen unter Trainerkollegen passieren aber 93 Prozent der Muskelverletzungen und 84 Prozent der Kreuzbandverletzungen in Situationen ohne Gegenspieler. Die Gründe für die hohe Verletzungsanfälligkeit? Zu kurze Regenerationszeiten zwischen den Spielen, nicht richtig ausgeheilte frühere Verletzungen, ein durch ständige Spitzenbelastungen geschwächtes Immunsystem.

Nach 30 Minuten moderaten Bewegungstrainings sind die Immunzellen nachweislich stark stimuliert. Sportliche Höchstleistungen reduzieren dagegen die Leistungsfähigkeit der Körperabwehr und machen uns krankheitsanfällig.

Was sind Endorphine?

- **Sie sind vom Gehirn produzierte Opiate.**
- **Sie wirken schmerzlindernd.**
- **Sie erzeugen ein unglaublich tolles Gefühl.**
- **Sie entstehen bei intensiven erschöpfenden Belastungen, aber auch bei Ausdauerleistungen wie Langstreckenlauf oder Radfahren.**

Manchen macht es nur Spaß, wenn sie sich richtig quälen beim Sport – aber zu diesen gehören Sie hoffentlich nicht! Es gibt genügend andere Möglichkeiten, sich und anderen etwas zu beweisen, ohne seinen Körper dabei zu strapazieren.

Das Open-Window-Syndrom

Leistungssportler erleiden nicht nur eine Vielzahl von Verletzungen, sondern sind auch ausgesprochen anfällig für Infekte. Nach intensiver physischer Belastung braucht der Organismus reichlich Zeit zur Regeneration. Z. B. dauert es etwa 36 Stunden, bis die leeren Glykogenspeicher wieder gefüllt sind, winzige Muskelfaserrisse müssen ausheilen und zerstörte Zellen abtransportiert werden. Außerdem ist der Kortisolspiegel zwei- bis dreimal so hoch wie in ausgeruhtem Zustand. Das Immunsystem ist durch diese Faktoren völlig beansprucht und kann nicht zusätzlich noch äußere Eindringlinge in Form von Viren oder Bakterien bekämpfen. Fachleute sprechen vom Open-Window-Syndrom – das schützende Abwehrsystem hat eine Zeit lang ein »Fenster«, durch das Infektionen sehr leicht eindringen können. Je nach Art der Belastung kann es geraume Zeit dauern, bis das Immunsystem wieder richtig funktioniert; nach einem Marathonlauf braucht der Organismus z. B. etwa zwei Monate dazu.

Leistungsvermögen wird oft falsch eingeschätzt

Sie spielen aber nicht in der Bundesliga und laufen auch nicht Marathon? Dennoch – nach einschlägigen Untersuchungen belasten sich 80 Prozent der engagierten Hobbysportler zu hoch und riskieren damit ebenfalls das Open-Window-Syndrom. Das Tennismatch nach Feierabend, die 1000-Höhenmeter-Bergtour am Wochenende, die viel zu selten, aber dafür umso rascher absolvierte Joggingstrecke bringen körperliche Spitzenbelastungen, für die die Trainingsgrundlage in Form eines regelmäßigen, dem Leistungsvermögen angepassten Bewegungstrainings fehlt.

Und während Leistungssportler »von Berufs wegen« meist einen gesunden Lebensstil pflegen, kommen beim Freizeitsportler weitere Faktoren hinzu, die das Immunsystem schwächen:

- eine unausgewogene Ernährung, bei der sich Nährstoffmängel entwickeln (siehe dazu auch Seite 126ff.)
- Genussgifte wie zu viel Kaffee, Nikotin, alkoholische Getränke (Alkohol reduziert die antibakterielle Aktivität Ihres Immunsystems)
- beruflicher und privater Stress

Der Versuch, solche Stressfaktoren durch erschöpfende sportive Belastung auszugleichen, geht schief. So ist z.B. das Risiko, im Mund- und Rachenbereich (Atemwegsinfektionen) zu erkranken, mit wachsendem Trainingsumfang deutlich erhöht.

Schwimmmeister, Bergwacht und Rettungsdienste können ein Lied davon singen, welch üble Folgen die Überschätzung der körperlichen Leistungsfähigkeit oft hat. Es muss zwar nicht immer gleich ein schlimmer Unfall passieren, aber übertriebenes Training rächt sich in jedem Fall.

Das täuschende Hochgefühl

In den letzten Jahren war häufig die Rede vom »Runner's High«, dem Glücksgefühl, das sich bei intensiver sportlicher Belastung durch die Ausschüttung von Endorphinen einstellt (siehe Kasten Seite 32). Biologisch ist diese Endorphinausschüttung eine Art Notfallprogramm des Körpers, um in akuten Gefahrensituationen unsere Überlebenschancen zu erhöhen. Subjektiv fühlen Sie sich dabei zwar prima, aus medizinischer Sicht stressen Sie Ihr vegetatives Nervensystem aber enorm, wenn Sie die »letzten Reserven« ausschöpfen. Individualisierte Bewegung in Maßen wirkt dagegen stabilisierend und trägt auf lange Sicht erheblich mehr zu Ihrem Wohlgefühl bei.

Nach schwerer Krankheit kann ein gut angepasstes Bewegungstraining ideal sein, um wieder zu Kräften zu kommen und neuen Lebensmut zu tanken. Keinen Sinn macht es dagegen, durch verbissenes Training die Krankheit »kleinkriegen« zu wollen.

Mit Optimismus und Zähigkeit wieder nach ganz oben: Lance Armstrong macht vielen Krebskranken Mut.

Der Krankheit davonlaufen?

Aus diesen Fakten wird deutlich, dass ein Übermaß an sportiver Belastung Krankheiten nicht vorbeugen kann – im Gegenteil, wie bereits erwähnt erkrankten nach von uns durchgeführten Erhebungen 75 Prozent von 455 untersuchten Personen schwer, nachdem sie 20 Jahre lang als Ausgleich für erheblichen beruflichen Stress mindestens zweimal wöchentlich erschöpfend Sport trieben.

Manche Menschen versuchen auch einer bereits aufgetretenen Krankheit durch körperliche Grenzbelastungen den Kampf anzusagen. Es ist aber nicht sinnvoll, z. B. Krebserkrankungen durch erschöpfenden Sport besiegen zu wollen. Die Stressbelastungen immunkompetenter Zellen sind bei häufigen und intensiven körperlichen Belastungen so groß, dass die Wahrscheinlichkeit zunimmt, erneut zu erkranken. Wer so sein körperliches Training gestaltet, wird langfristig keinen Nutzen erzielen. Nur Sport in Maßen wird helfen.

Der Ausnahmeathlet

Ein ermutigendes Beispiel für Kranke in aller Welt stellt Profi-Sportler Lance Armstrong dar, der nach schwerster Krebserkrankung gleich mehrfach die Tour de France gewann. Die Darstellung »Armstrong besiegt den Krebs durch Radsport« wäre aber grundfalsch. Lance Armstrong war bereits seit 1992 erfolgreicher Radsportprofi, bevor im Oktober 96 bei ihm Hodenkrebs mit Metastasen in Lunge und Hirn diagnostiziert wurde. Mit enormem Überlebenswillen, Mut und konsequent positivem Denken durchstand er Operationen und Chemotherapien, bevor er erneut das Training aufnahm und im Mai 98 erstmals wieder Rennen fuhr. Der Leistungssport ist seine Welt, die er zurückerobern konnte – nachahmenswert sind aber nur seine mentale Stärke und sein Optimismus, nicht seine erneute Bereitschaft, den Körper bis zum Äußersten zu strapazieren.

Was moderates Training im Körper bewirkt

Kurz gefasst könnte man die positiven Auswirkungen eines regelmäßigen, der Leistungsfähigkeit individuell angepassten Bewegungstrainings in fünf Punkten darstellen:

- Das Immunsystem wird gestärkt.
- Die gesundheitlichen Risikofaktoren nehmen ab (z. B. Cholesterinüberschuss, Bluthochdruck, die Werte von Homozystein, Fibrinogen, Lipoprotein alpha).
- Die Stressresistenz nimmt zu.
- Das Körpergewicht wird reguliert.
- Die Lebensqualität nimmt zu im Sinne eines umfassenden körperlichen, geistigen und seelischen Wohlbefindens.

Vielen typischen Alterserkrankungen kann mit regelmäßiger Bewegung vorgebeugt werden. So z. B. reduziert sich das Risiko für Brust-, Prostata- und Dickdarmkrebs, aber auch für den grünen Star, die Blutfettwerte verbessern sich, und depressive Verstimmungen treten seltener auf.

So kommt die Abwehr auf die Beine

Die Körperabwehr bildet ein äußerst kompliziertes System, das mit einer Vielzahl von Reaktionen auf Einflüsse von außen aufwartet. Sportlich moderate Bewegung führt zu einer qualitativen Verbesserung von hochkompetenten Immunzellen, den so genannten Killerzellen. Bei einem gut Trainierten lässt sich eine hohe Dichte von Bindungsstellen an der Oberfläche dieser Zellen erkennen, die Viren und Krankheitserreger, aber auch Tumorzellen effektiver an sich ziehen und vernichten können. Dieser Effekt einer erhöhten Sensibilisierung der Immunzellen beruht vor allem auf der Stimulierung durch bestimmte Botenstoffe, der Interleukine, die nach sportiver Betätigung vermehrt gebildet werden. Die »interne Kommunikation« des Immunsystems wird durch muskuläre Reaktionen angetrieben und unsere Körperabwehr in einen aktiveren und »wachsamen« Zustand versetzt (siehe Grafik auf Seite 36).

Die Grafik zeigt die Signal- und Reaktionskette, die durch ein mäßiges Bewegungstraining im Organismus in Gang gesetzt wird und zu einer Steigerung der Körperabwehr führt.

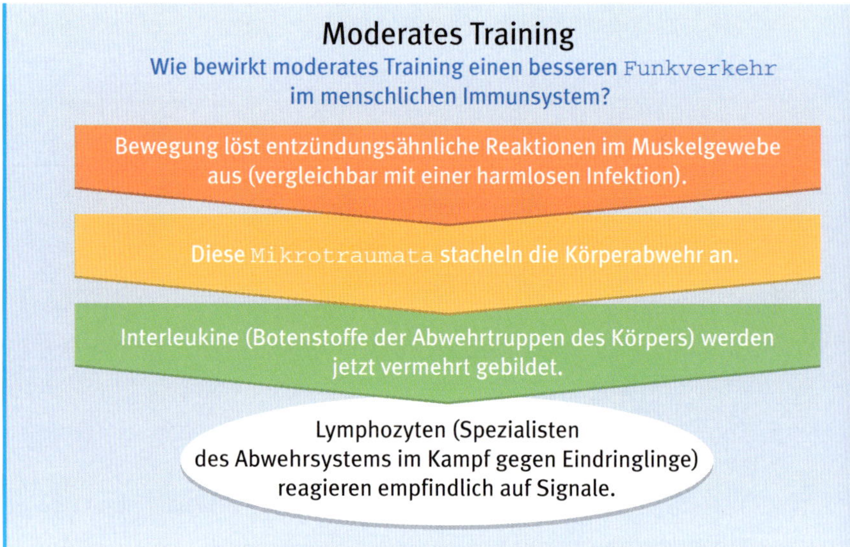

Eine aktivere Körperabwehr durch ausreichend Bewegung bedeutet nicht nur, dass Ihnen die eine oder andere Erkältung erspart bleibt. Langfristig profitiert Ihr Organismus so sehr von diesem verstärkten Schutz, dass der biologische Alterungsprozess weit hinter Ihren Lebensjahren zurückbleiben kann.

Diese erhöhte Aktivität der Killerzellen als Reaktion auf moderates Bewegungstraining ließ sich deutlich in einer unserer Untersuchungen nachweisen, bei der sich 50 Testpersonen sechs Monate lang dreimal wöchentlich einem 40-minütigen Training unterzogen. Nach dieser Zeit zeigte sich eine Zunahme von fast elf Prozent der Killerzellenaktivität gegenüber den Untersuchungsergebnissen vor Aufnahme der regelmäßigen Bewegung.

Die Infektionsrate sinkt

Auch andere Zellfamilien des Immunsystems, wie z. B. die T-Helferzellen und die B-Lymphozyten, werden durch moderates Training deutlich positiv stimuliert. Diese Zellarten bilden ein Team bei der Produktion von Antikörpern, die ebenfalls vor Krankheitserregern schützen. Diese erhöhte Aktivität der Körperabwehr hat auch spür- und messbare Konsequenzen: Die Rate von Infektionen in Bezug zu unterschiedlich intensiver sportlicher Betätigung folgt einer U-förmigen Kurve, die deutlich zeigt, dass gemäßigt Ausdauertrainierte am seltensten unter einer Infektion zu leiden haben, während gänzlich Unsportliche und Leistungssportler sich die Waage halten bei einem besonders hohen Infektrisiko.

Immer mehr Menschen in Deutschland weisen Erkrankungen des Immunsystems auf. Unzureichendes Training der immunkompetenten Zellen bei einem Großteil der Bevölkerung ist die primäre Ursache. Nutzen Sie das Potenzial, durch richtig dosierte Bewegung aktiv etwas für sich zu tun!

Das Krebsrisiko mindern

Krebszellen, also entartete Zellen, die das Potenzial haben, sich zu einem Tumor weiterzuentwickeln, werden immer wieder im Körper gebildet. In den allermeisten Fällen werden sie aber blitzschnell von unserer Immunabwehr aufgespürt und vernichtet, bevor sie damit beginnen können, sich unkontrolliert zu teilen und zu vermehren. Krebsvorsorge bedeutet also auch, vor allem die Körperabwehr gesund und leistungsfähig zu erhalten.

In den USA sind über längere Zeiträume Menschen untersucht worden, deren Risiko, an Krebs zu erkranken, durch moderates Ausdauertraining (dreimal wöchentlich eine Stunde oder viermal wöchentlich 45 Minuten) um bis zu 60 Prozent gesenkt werden konnte. Neben dem Bewegungstraining war allerdings auch Voraussetzung, dass die Untersuchungsteilnehmer weder viel Alkohol oder Nikotin konsumierten noch sich fettreich ernährten. David C. Niemann hat in »The exercise connection« 1998 in den USA diese Ergebnisse exemplarisch dargestellt. Doch nicht nur zur Vorbeugung, auch in der Krebsnachsorge kann durch wohldosiertes Ausdauertraining eine Stabilisierung des Immunsystems erzielt werden.

Das höhere Krebsrisiko im Alter rührt vor allem daher, dass der Körper immer häufiger fehlgebildete potenzielle Krebszellen produziert, während die Fähigkeit des Immunsystems sinkt, diese Zellen rechtzeitig zu erkennen und zu vernichten.

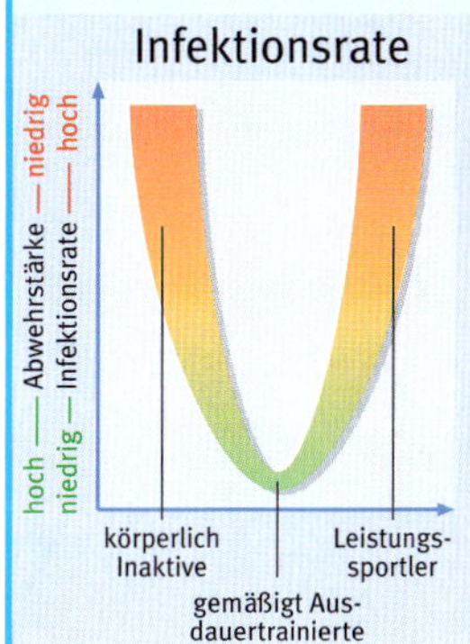

U-förmiger Verlauf der Infektionsrate und der Abwehrstärke bei unterschiedlich intensiver sportlicher Betätigung.

Macht nicht nur die Muskeln fit: Körperliche Bewegung fördert auch die Gehirntätigkeit und sorgt für bessere Konzentration beim Lernen und Arbeiten.

Dass ein flotter Spaziergang oder eine Runde auf dem Fahrrad den Kopf besser frei machen für geistige Arbeit als eine Tasse Kaffee, liegt an der erhöhten Sauerstoffversorgung des Gehirns. Noch wichtiger sind aber die langfristigen positiven Folgen, die körperliche Bewegung für die grauen Zellen hat.

Bewegung macht auch geistig fit

Das Bild vom genialen Kopfarbeiter, der übernächtigt an seinem Schreibtisch einen Geistesblitz nach dem anderen zu Papier bringt, könnte nicht falscher sein: Die Gehirnzellen profitieren wie alle anderen Körperzellen auch von gesunder Bewegung. Zur Zeit werden zahlreiche wissenschaftliche Studien unter der Regie des bekannten Sportmediziners Wildor Hollmann über die Auswirkungen von gezieltem körperlichen Training auf die unterschiedlichen Areale des Gehirns durchgeführt. Was man heute schon weiß: Wie körperliche Bewegung dabei hilft, das angeborene geistige Potenzial zu entwickeln.

Die Datenautobahn in unserem Inneren

Wenn der Mensch geboren wird, hat er ca. 200 Milliarden Neurone, das sind Nervenzellen, die aber zunächst noch zu einem großen Teil unvernetzt sind und damit quasi »brachliegen«. Von unserer weiteren Entwicklung hängt es nun ab, inwiefern sich diese Neurone miteinander vernetzen. Ein großer Anteil der Ausbildung so genannter Datenautobahnen kann über motorische Aktivitäten erfolgen. Verkümmern diese motorischen Anlagen oder werden unzureichend genutzt, so entstehen nicht so viele »Querverbindungen« – und das hat Folgen: Körperliche Inaktivität kann Konzentrationsschwierigkeiten bei Kindern, Erwachsenen und selbst bei Menschen in hohem Lebensalter verursachen.

Professor Hollmann hat in seinen Forschungsarbeiten nachgewiesen, dass körperliche Aktivität die Anzahl der »Verbindungskabel« (Spines) zwischen den einzelnen Nervenzellen deutlich erhöht. Denk- und Gedächtnisfunktionen werden somit deutlich verbessert. Auch die Zusammenarbeit von rechter (emotionaler) und linker (rationaler) Hirnhälfte wird gefördert.

In den USA gibt es seit einigen Jahren Intelligenzschulen für Kinder ab drei Jahren, die Krabbeln, Kriechen auf instabilem Boden und ähnliche spielerisch-motorische Übungen zum wesentlichen Inhalt haben. Ziel dabei ist, die geistige Kompetenz der Kleinen zu vergrößern und zu entwickeln.

Sport macht schlau – in jedem Alter

Der Abbau der Spines im Alter lässt sich durch die Verbindung von moderater Bewegung und »Brain-Jogging« (leichte Konzentrationsübungen, siehe dazu auch Seite 125) bremsen, es können sogar wieder neue Spines gebildet werden. Kreativität, mentales Wohlbefinden und geistige Frische lassen sich so deutlich steigern.

Besonders verblüffend erwiesen sich die Auswirkungen von Körpertraining auf die Gehirnfunktionen in einer Studie zum Thema Schulsport, die 2001 auf einem Symposium der Bertelsmann-Stiftung vorgestellt wurde. Von 48 Kindern, die allesamt Probleme im Mathematikunterricht hatten, nahmen 24 dreimal in der Woche an einem zusätzlichen kreativen Bewegungsprogramm teil, die übrigen 24 Kinder erhielten dreimal in der Woche zusätzlichen Mathematikunterricht. Schon nach drei Monaten zeichnete sich geradezu eine Leistungsexplosion bei den kreativ-sportlichen Kindern ab – und zwar auch in Mathematik viel deutlicher als bei den Kindern, die doch speziell in diesem Unterrichtsfach gefördert wurden. Vielleicht möchten Sie das nicht gerade Ihren fußballbegeisterten kleinen Sohn wissen lassen, der immer lieber draußen herumtobt als seine Schulaufgaben zu machen, aber klar ist: Körperliche Bewegung ist ein ganz entscheidender Faktor für die geistige Entwicklung der Kinder.

Nach neueren Studien zeigte regelmäßiges körperliches Training bei depressivem Menschen ebenso entspannende und stimmungsaufhellende Wirkung wie die speziellen antidepressiven Medikamente mit ihren zum Teil gravierenden Nebenwirkungen.

Bewegung macht ruhig und souverän

Das gilt jedenfalls für maßvolle körperliche Aktivität – denn dass erschöpfender Sport als Stresskiller nicht taugt, haben wir ja bereits beschrieben. Belasten Sie sich nämlich exzessiv und häufig, so werden bestimmte Stresshormone ausgeschüttet, insbesondere viel Adrenalin. Sie fühlen sich dann zwar unter Umständen subjektiv wohl, weil Ihr vegetatives Nervensystem »hochgepusht« ist, aber Sie werden keine echte innere Ruhe und Entspannung finden. Langfristig hat das sogar schädliche Auswirkungen auf Ihren Gesundheitszustand. Zustände innerer Unruhe, aufgestaute Aggressionen und Nervosität lassen sich durch moderates Ausdauertraining von dreimal 40 Minuten in der Woche optimal abbauen. Kein Medikament der Welt hat einen besseren Einfluss auf Ihre persönliche Verfassung – und das garantiert ohne schädliche Nebenwirkungen.

Das Verhältnis bestimmter Stresshormone im Urin im Tagesverlauf kann Ihre jeweilige psychische Situation anzeigen (patentierte Verfahren von Professor Dr. med. E. Zimmermann).

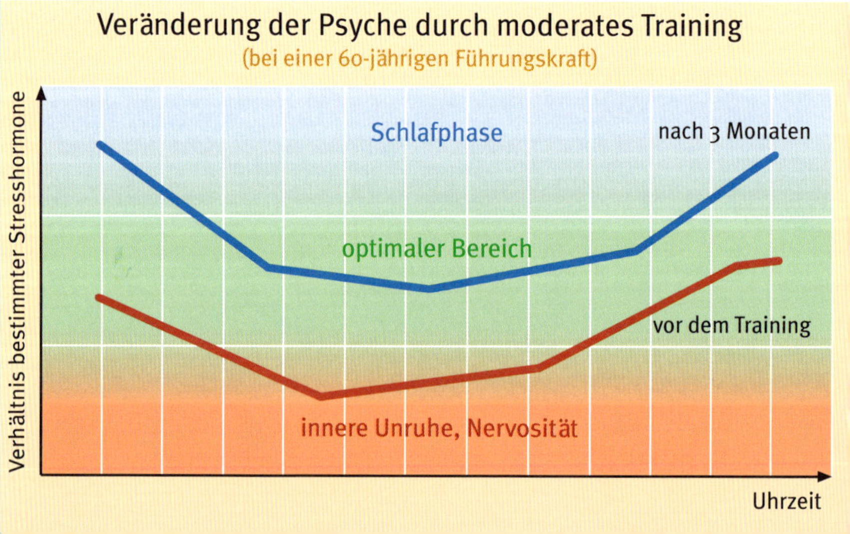

Tagsüber im »grünen Bereich«

Die farbige Darstellung der unterschiedlichen Stresshormonzusammensetzung im Tagesverlauf (siehe Grafik auf Seite 40) bedeutet konkret: In der Nacht sind Phasen im blauen Bereich wünschenswert, während tagsüber die Werte im grünen Bereich liegen sollten. Rote Phasen bedeuten langfristig keine gute Voraussetzung für Ihre Kreativität und schaden Ihrer Gesundheit.
Grüne Phasen nachts signalisieren eine starke Aktivität Ihres vegetativen Nervensystems – das ist auch nicht so gut, weil Sie sich dann nicht von der Tagesanspannung regenerieren können.

Stressfrei zu mehr Lebensqualität

Ihre psychische Verfassung lässt sich durch eine gute Grundlage im Ausdauerbereich erheblich verbessern. Sie reagieren in angespannten Situationen gelassener und überlegter. Ihre Mitmenschen werden sehr rasch Ihre innere Zufriedenheit spüren und angesteckt werden von Ihrer optimistischen und lebensfrohen Art.
Diese Erfahrung machten auch 36 Frauen, die im Rahmen einer Untersuchung viermal wöchentlich 45 Minuten Walking absolvierten – in mehreren nach ihrer Leistungsfähigkeit gestaffelten Gruppen. Eine Kontrollgruppe blieb dagegen inaktiv. Zu Beginn der Untersuchung waren aktive und inaktive Teilnehmerinnen nach einer Fragebogenerhebung gleichermaßen gestresst und angespannt, doch bald änderte sich das Bild. Nach sechs und nach zwölf Wochen wurde wieder bewertet, und nun zeigte die aktive Gruppe eine wesentlich verbesserte Stressresistenz. Alle Frauen dieser Gruppe fühlten sich psychisch weitaus belastungsfähiger als zuvor und reagierten in Stresssituationen viel gelassener. Damit war ein großes Stück Lebensqualität dazugewonnen, denn Stress blockiert die Kreativität und Lebensfreude – was die Inaktiven deutlich spürten.

Frauen sorgen meist besser für ihre Gesundheit vor – wenn sie sich denn die Zeit dafür nehmen. Leider drängen sich oft gerade in mittlerem Alter die familiären und beruflichen Verpflichtungen, so dass in dieser für ein gesundes Alter entscheidenden Lebensphase sportliche Aktivitäten aufgegeben werden.

Eingerostet oder ganz elastisch?

Gute Beweglichkeit und Koordination sind die Grundlagen jedes körperlichen Trainings. Aber gerade daran hapert's oft gewaltig, wenn man jahrelang jeder sportiven Betätigung aus dem Weg gegangen ist. Hier können Sie testen, ob Sie »Rost« angesetzt haben – und mit den Übungen gleich tatkräftig dagegen angehen.

1. Test Hüftbeuge-Muskulatur

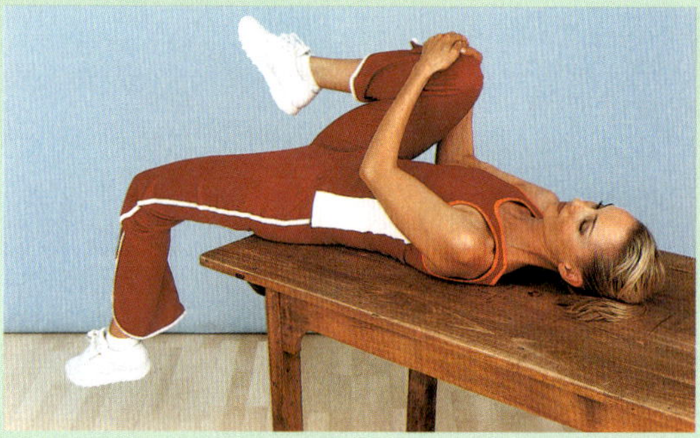

Legen Sie sich auf den Rücken auf eine Bank oder einen niedrigen Tisch mit dem Gesäß an der Kante. Führen Sie ein Knie zur Brust, das andere Bein hängt frei über der Bank- oder Tischkante. Ist der Oberschenkel des frei hängenden Beins waagerecht in Verlängerung der Körperlängsachse, liegen Sie im Normbereich. Ist der Oberschenkel höher, ist der Hüftbeuger verkürzt. Zeigt der Oberschenkel dagegen abwärts, verfügen Sie über eine gute Dehnfähigkeit. Beide Seiten testen! ▲

Übung Regelmäßig ausgeführt verbessert diese Übung Ihre Dehnfähigkeit. Gehen Sie in den Kniestand und stellen Sie einen Fuß nach vorne auf. Verlagern Sie das Gewicht auf das vordere Bein, und drücken Sie dabei die Hüfte nach vorn und unten. ◀

2. Test Gerader vorderer Oberschenkelmuskel

Legen Sie sich flach auf den Bauch, und beugen Sie das rechte Bein im Kniegelenk hoch. Umfassen Sie mit der rechten Hand das Sprunggelenk und versuchen Sie, die Ferse zum Gesäß zu bringen. Erreicht die Ferse das Gesäß, sind Sie gut dehnungsfähig, bleiben mehr als 20 Zentimeter Abstand, ist der gerade vordere Oberschenkelmuskel verkürzt. Beide Seiten testen! ▶

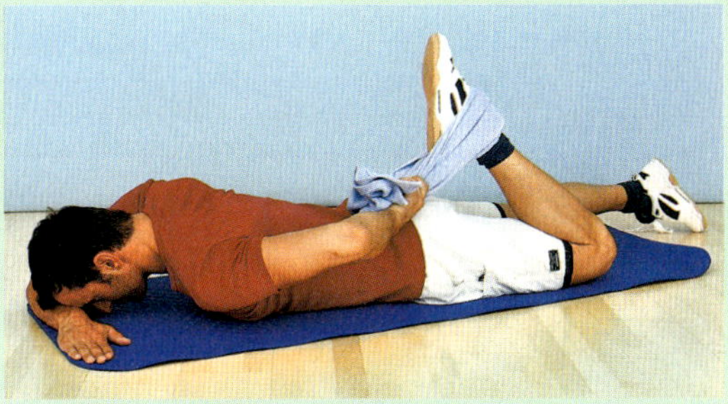

Übung Legen Sie sich flach auf den Bauch, winkeln Sie ein Bein an, und halten Sie es mit der Hand am Sprunggelenk fest. Spannen Sie die Gesäß- und Bauchmuskulatur an und drücken Sie die Hüfte zum Boden. Einige Sekunden halten, dann die Seite wechseln. ◀

3. Test Beinbeugemuskulatur

Legen Sie sich auf den Rücken, und heben Sie ein Bein gestreckt hoch, bis Sie deutlichen Widerstand verspüren. Das andere Bein ruht gestrekkt auf der Unterlage. Als Normalbereich gilt ein Winkel von 80 bis 90 Grad zwischen Unterlage und dem angehobenen Bein. Kann der Winkel nicht erreicht werden, ist der Beinbeuger verkürzt. Beide Seiten testen! ▶

Übung Stellen Sie sich aufrecht vor eine Treppenstufe oder einen Hocker. Stellen Sie eine Ferse hoch auf die Stufe oder den Hocker, und beugen Sie sich mit geradem Oberkörper nach vorne unten und halten Sie mehrere Sekunden. Seiten wechseln! E

4. Test Brustmuskulatur

Legen Sie sich auf den Rücken, die Arme ruhen neben dem Körper, die Handrücken zeigen nach oben, die Beine sind angewinkelt aufgestellt. Führen Sie einen Arm gestreckt nach oben/außen und hinter den Kopf (Winkel in der Frontalebene ca. 135 Grad). In Ordnung ist die waagerechte Lage. Ist der Arm deutlich von der waagerechten Position entfernt, ist die Brustmuskulatur verkürzt. Beide Seiten testen! G

Übung Stellen Sie sich aufrecht neben eine Wand, und legen Sie einen Ellbogen in Schulterhöhe an die Wand. Machen Sie einen Schritt nach vorn, und verlagern Sie das Gewicht des Oberkörpers nach vorn – Ellbogen und Unterarm bleiben dabei unbeweglich an der Wand. Halten Sie dabei den Oberkörper gerade nach vorn, und drehen Sie sich nicht zur Wand hin. Seiten wechseln! E

Koordination

Unter Koordination wird das Zusammenspiel der Nerven, Muskeln und Sinne innerhalb einer Bewegung verstanden. Eine Verbesserung der Koordination wirkt sich positiv auf die Alltagsmotorik aus. Es kommt zu ökonomischeren und optimierten Bewegungsabläufen.

Test Heben Sie im Stand ein Knie auf Hüfthöhe an, und versuchen Sie mit geschlossenen Augen stehen zu bleiben. Prima, wenn Sie 20 Sekunden lang die Balance halten können. Trainingsbedürftig ist dagegen, wer weniger als zehn Sekunden schafft. Wiederholen Sie den Test mit dem anderen Bein. E

Übung 1: Heben Sie im Stand ein Knie auf Hüfthöhe an, und versuchen Sie mit einem Ball auf den Boden zu prellen. Dabei sollten Sie weder den Ball noch das Gleichgewicht verlieren! Trainieren Sie anschließend die andere Seite.

Übung 2: Stellen Sie sich auf eine instabile Unterlage, z. B. einen Aerostep oder eine zusammengerollte Isomatte. Heben Sie ein Knie auf Hüfthöhe an, und drücken Sie mit einer Hand kräftig gegen das angehobene Knie. Seiten wechseln!

Aller Anfang ist schwer – hier erfahren Sie, wie Ihr neues Bewegungsprogramm von Beginn an gut tut und Spaß macht.

Step by step in Bewegung kommen

Wie Sie richtig »einsteigen«

Dass Sie dieses Buch lesen zeigt, dass Sie etwas in Bewegung bringen möchten – sich selbst hoffentlich. Damit Ihre Motivation anhält, müssen Sie nun aber noch die guten Vorsätze mit Ihrem Tagesablauf in Einklang bringen, denn hier scheitert das Vorhaben oft.

Gut geplant ist halb gewonnen

Eigentlich sind Sie jetzt hochmotiviert, durch ein gezieltes Bewegungsprogramm mehr Schwung in Ihr Leben zu bringen – aber eigentlich waren Sie das schon häufiger und es ist doch immer »im Sande verlaufen«?

Oft ist es mit der anfänglichen Begeisterung schnell vorbei, weil man es einfach falsch angegangen ist: zu ehrgeizig losgesprintet und dann zu erschöpft gewesen, die Sporttermine waren in der Alltagshektik nicht einzuhalten, die gewählte Bewegungsform war allzu wetterabhängig, die Freunde/Spielpartner haben nicht mehr mitgemacht, das Fitnessstudio war mühsam zu erreichen oder ewig überfüllt und und und...

Ein paar praktische Überlegungen sind also wichtig, damit aus den guten Vorsätzen eine echte Bereicherung Ihrer Lebensqualität und mehr Bewegung eine Selbstverständlichkeit wird.

So passt Bewegung in Ihren Alltag

Um ein moderates Bewegungsprogramm wirklich regelmäßig in Ihr Leben aufzunehmen, sollten Sie sich vorab ein paar Fragen stellen:

- Wie ist der momentane Stand, welche Sportarten betreibe ich wie häufig, oder habe ich aktive Bewegung gänzlich vermieden?
- Welche Bewegungsformen machen mir Freude oder haben mir früher einmal Freude gemacht?
- Wo gibt es Lücken in meinem wöchentlichen Zeitplan, die überhaupt ein Training erlauben würden?

- Brauche ich/will ich noch zusätzliche Ausrüstung für mein Bewegungstraining (Trainingsgeräte, Schuhe, Kleidung)?
- Gibt es Freunde/Partner, die mitmachen würden oder die ich dazu motivieren könnte?

Ihr momentaner Stand

Je nachdem, ob Sie bereits eine oder mehrere Sportarten betreiben oder aber eine vollkommene »Schonhaltung« aufgeben möchten, werden Sie den Einstieg in ein neues Bewegungsprogramm unterschiedlich gestalten.

Sportliche sollten nach den im vorigen Kapitel gewonnenen Erkenntnissen ihr Hobby einer genauen Analyse unterziehen. Sicher wäre es in den meisten Fällen unsinnig, eine mit Freude ausgeübte Sportart gänzlich aufzugeben – aber trägt sie wirklich in der von Ihnen betriebenen Form zu Gesundheit und Lebensfreude bei? Vielleicht sollte der berufsgestresste Manager das wettkampfmäßige Squash nach Feierabend auf ein Spiel am Wochenende beschränken und stattdessen am Abend regelmäßig noch eine Runde walken. Oder der rasante Skiläufer (Mountainbiker, Inlineskater etc.) durch ein zusätzliches mäßiges Ausdauerprogramm eine solide konditionelle Grundlage für seinen Lieblingssport schaffen.

Die Belastungsfähigkeit austesten

Bewegungsmuffel sollten sich dagegen gleich vornehmen, die Latte keinesfalls zu hoch zu hängen. Nicht der heftige Muskelkater nach dem ersten Training ist ein Erfolgsanzeiger, sondern die Feststellung, dass es Ihnen richtig Spaß gemacht hat und Sie sich schon auf das nächste Mal freuen. Für beide Gruppen wichtig ist eine Leistungsanalyse, um die momentane körperliche Belastungsfähigkeit festzustellen und das Bewegungsprogramm danach auszurichten. Einen

Gehen Sie es sanft an – Sie müssen nicht in einer Woche von einem Bewegungsmuffel zu einer Sportskanone werden. Viel wichtiger ist, dass Sie von Anfang an Spaß an Ihrem Training haben und sich wohl dabei fühlen.

Sie haben keine Ahnung, welche Sportart für Sie infrage käme? Viele Sportvereine bieten »Schnuppertermine« zum Ausprobieren an, oder begleiten Sie einmal Freunde bei deren sportlichem Hobby.

Ein Springseil hat jedes Kind einmal in der Hand gehabt. Das simple Sportgerät schult die Koordination und ist prima geeignet für ein flottes Herz-Kreislauf-Training oder zum Aufwärmen.

ersten Einblick dazu konnten Sie mit dem Beweglichkeits- und Koordinationstest im vorigen Kapitel gewinnen, wie Sie ganz genau das für Sie richtige Maß an Belastungsintensität herausfinden, erfahren Sie ab Seite 54.

Welche Sportart passt zu mir?

Bei dieser Frage sind viele Aspekte zu berücksichtigen. Für ein moderates, gesundheitsförderndes Bewegungstraining kommen am ehesten Ausdauersportarten, kombiniert mit Beweglichkeits-, Kräftigungs- und Dehnübungen infrage. Einige besonders günstige Sportarten stellen wir Ihnen ab Seite 76 näher vor.

Ergänzende Übungen lassen sich hervorragend auf Ihre persönlichen Voraussetzungen abstimmen: Haben Sie öfter Rückenprobleme? Dazu finden Sie Tipps auf Seite 92ff. Sind Sie eher allgemein steif und ungelenkig, oder sind bestimmte Muskelpartien nur schwach ausgebildet? Dann sollten Sie Dehn- und Kräftigungsübungen in Ihr Trainingsprogramm einbauen.

Ganz wichtig – der Spaßfaktor

Neben der Frage, was gesundheitlich sinnvoll ist, zählt natürlich auch ganz entscheidend, was Ihnen Freude macht. Lieben Sie die Natur? Dann können Sie beim Walking, Radfahren oder Wandern die Schönheiten der näheren Umgebung entdecken und den Wechsel der Jahreszeiten genießen.

Mögen Sie die schwerelose Bewegung im Wasser, oder haben Sie vielleicht Gelenkprobleme? Dann ist Schwimmen eine ausgezeichnete Sportart für Sie. Schätzen Sie es überhaupt nicht, Wind und Wetter ausgesetzt zu sein, und fühlen Sie sich nur bei Sonnenschein im Freien wohl? Dann kommen für Sie vielleicht auch die Ausdauerprogramme infrage, die örtliche Fitnessstudios oder Sportvereine anbieten.

Wenn Sie lange keinerlei Sport getrieben haben, ist es oft auch ein guter Einstieg, auf frühere Vorlieben zurückzugreifen. Rad fahren und schwimmen hat fast ein jeder in der Jugend gelernt, aber auch ganz individuelle sportliche Hobbys wie Judo, Jazz-Dance oder Schlittschuhlaufen wurden oft unter dem Druck von Alltagsverpflichtungen irgendwann aufgegeben und lassen sich neu beleben.

In jedem Fall sollten Sie verschiedene Bewegungsformen kombinieren, denn viele an sich sehr empfehlenswerte Sportarten wie z.B. Skilanglauf sind zu sehr an jahreszeitliche und wetterbedingte Gegebenheiten gebunden, um regelmäßig ausgeübt zu werden.

Alte Liebe rostet nicht – das gilt manchmal auch für sportliche Hobbys, die man in seiner Jugend gepflegt hat. Sind Sie wirklich zu alt dafür? Dabei lassen sich viele Sportarten mit etwas weniger Ehrgeiz, Kampfgeist und Eitelkeit später viel besser genießen.

Der Zeitfaktor

Dies ist einer der häufigsten Gründe, warum ein Bewegungstraining wieder aufgegeben wird: Es passt zeitlich einfach nicht in den Tag, findet immer unregelmäßiger und unter Zeitdruck statt, so dass es irgendwann mehr Stress als Freude bringt und der gesundheitliche Effekt schwindet. Hier kommt es also ganz besonders auf gründliche und realistische Überlegung an.

Als Richtmaß sollten Sie ca. drei bis viermal in der Woche zwischen 30 und 60 Minuten trainieren. Zu welcher Tageszeit Sie Ihr Bewegungsprogramm absolvieren und welche Bewegungsformen Sie dabei kombinieren, können Sie ganz auf Ihre Voraussetzungen und Vorlieben abstimmen. Z. B. könnten Sie dreimal wöchentlich morgens oder abends in der Umgebung Ihrer Wohnung walken, am Wochenende mit dem Partner oder der Familie Fahrrad fahren oder bei schlechtem Wetter ins Schwimmbad gehen. Die verschiedensten Kombinationen sind denkbar, nur sollten Sie besonders beim Einstieg unbedingt feste Termine vorplanen. Sie werden sehen: Wenn Ihnen Ihr Bewegungsprogramm erst einmal ein lieb gewonnenes Bedürfnis wird, ist der Zeitfaktor plötzlich kein Problem mehr!

Neben so manchem Übertriebenen und Absurden findet sich bei der Sportbekleidung doch auch viel Funktionales und schlicht Attraktives. Gönnen Sie sich ruhig ein modisches Outfit; das stärkt die Motivation besser als der alte Trainingsanzug aus Turnvater Jahns Zeiten!

Die Ausrüstung

So viel vorweg – auf keinen Fall ist die Frage nach nötigem Sportzubehör ein Hindernis für ein Bewegungsprogramm. Allerdings scheiden sich hier die Geister: Während mancher bei dem Gedanken an alle möglichen Neuanschaffungen schon gleich die Lust auf Bewegung verliert, fühlt sich ein anderer durch ein schickes funktionales Sportoutfit oder ein raffiniertes Heimtrainingsgerät erst recht motiviert. Viele gesunde Bewegungsformen kommen ohne spezielle Sportgeräte aus und stellen auch an die Kleidung keine besonderen Ansprüche. Bequem, atmungsaktiv und dem Wetter bzw. der Temperatur im Übungsraum angemessen ist hier die Devise. Und wenn er sich noch entrosten lässt und der Rahmen zu Ihrer Körpergröße passt, können Sie auch auf dem alten Drahtesel fit werden, der in der Garage verstaubt. Vielleicht haben Sie auf Dauer aber doch mehr Spaß mit einem Rad mit guter Sitzdämpfung und einer Gangschaltung, die Sie nicht vor jedem Hügel zum Absteigen und Schieben zwingt...

Die Minimalausstattung

Wichtig sind allerdings, je nach Sportart, die richtigen und perfekt passenden Schuhe sowie möglichst auch ein Herzfrequenzmesser (Pulsuhr), um die sportliche Belastung genau auf Sie zugeschnitten zu dosieren. Diesen gibt es in verschiedenen Ausführungen und Preislagen in jedem Sportgeschäft (mehr dazu siehe Seite 56f.).
Nach oben sind die Grenzen selbstverständlich offen: Soll Golf Ihr neues Hobby werden, sind natürlich größere Investitionen fällig, als wenn Sie nur eine neue Badehose brauchen. Wie schlicht oder wie aufwändig Sie das Zubehör für Ihr Bewegungsprogramm halten, bleibt Ihrem Geschmack und Geldbeutel überlassen. Was speziell für einzelne Bewegungsformen nötig oder sinnvoll ist, erfahren Sie bei der Vorstellung der entsprechenden Sportarten ab Seite 76.

Allein oder gesellig in Bewegung kommen?

Mancher ist der geborene »Einzelkämpfer« und kommt gar nicht auf die Idee, sein sportliches Hobby mit jemandem zu teilen. Andere lieben gerade das gesellige Element beim Bewegungstraining oder wollen in der ohnehin knapp bemessenen Freizeit nicht den Partner oder die Familie ausschließen. Grundsätzlich ist es für ein regelmäßiges Training nicht vorteilhaft, sich auf Sportarten zu beschränken, die nur mit einem Partner oder gar einer Mannschaft ausgeübt werden können, wie z. B. Tennis oder Fußball. Zum einen sind dies fast durchweg Bewegungsformen, die mehr auf Wettkampf als auf Ausdauer abzielen und so die latente Gefahr bergen, zu einer gesundheitlichen Überforderung statt zu einer Wohltat zu werden. Zum anderen machen Sie sich abhängig vom Zeitplan und den Terminen Ihrer Sportpartner, was zu häufigen Ausfällen führen kann.

Eine Gruppe fördert die Motivation

Geht es jedoch um die Frage, ob man Walking, Radfahren, Jogging oder Schwimmen allein, mit Partner oder Familie oder in einer Gruppe Gleichgesinnter unternimmt, sieht die Sache anders aus. Gemeinsam Sport zu treiben kann sehr motivierend wirken und das Durchhaltevermögen stärken. Immerhin geben die meisten Menschen leichter ein einsames Vorhaben auf als eine fest getroffene Verabredung. Auch kann es bei einer neuen Sportart wie z. B. Nordic Walking oder Skilanglauf sinnvoll sein, zunächst unter Anleitung eines Trainers in einer Gruppe zu üben. Und schließlich kann bei schweren gesundheitlichen Beeinträchtigungen, wie z. B. nach einem Herzinfarkt, das Trainieren in einer Gruppe ebenfalls Betroffener und unter sachkundiger Aufsicht mehr Sicherheit und Selbstvertrauen geben. Last but not least – auch ein lauffreudiger Hund kann ein motivierender Partner z. B. beim Walken, Joggen oder Radfahren sein.

Herrlich, wenn Sie mit netten Leuten gemeinsam trainieren können! Nur – manche dieser Runden haben die Tendenz, das »Bierchen danach« oder den Kaffeeklatsch immer mehr ausufern zu lassen, bis der eigentliche Zweck des Treffens kaum noch zählt. Lassen Sie es nicht so weit kommen!

»Laufen, ohne zu schnaufen« hieß einmal das Motto für gesunde Bewegung. Ganz so einfach ist es aber doch nicht, denn je nach Sportart und Temperaturen können Sie sich überlasten und es gar nicht rechtzeitig bemerken. Die Pulsfrequenzmessung ist daher unerlässlich, um wohldosiert Sport zu treiben.

Das Maß für die Belastung – Ihre Pulsfrequenz

Ihre ganz persönlichen körperlichen Voraussetzungen entscheiden darüber, wie intensiv Ihr Bewegungstraining sein soll, um Ihnen ein Plus an Gesundheit und Lebensqualität zu bringen. Geraten Sie dabei völlig aus der Puste oder tut Ihnen tagelang noch alles weh, sind Sie es mit Sicherheit zu heftig angegangen. Im Folgenden erfahren Sie, wie Sie mit die Belastungsintensität kontrollieren und richtig dosieren können. Zunächst einmal, was heißt eigentlich »richtig dosieren«?

Aerob und anaerob

Bei körperlicher Bewegung erhöht der Organismus die Energieverbrennung – die Muskeln brauchen mehr »Treibstoff«, um die geforderte Leistung zu bringen. In einem niedrigen Intensitätsbereich, z. B. bei einem moderaten Ausdauertraining, werden zur Energiegewinnung hauptsächlich Fettsäuren mit Hilfe von Sauerstoff verbrannt. Je intensiver Sie trainieren, desto mehr Sauerstoff wird angefordert, Ihre Atem- und Herzfrequenz steigen, und zunehmend werden auch Kohlenhydrate zur Energiegewinnung verbraucht. Noch trainieren Sie im »aeroben« Bereich, d.h. die Sauerstoffzufuhr reicht aus zur Energiebereitstellung. Bei weiterer Intensitätssteigerung überschreiten Sie dann die »anaerobe Schwelle«, d.h. Ihr Stoffwechsel schaltet um auf eine andere Form der Energiegewinnung, für die kein Sauerstoff nötig ist und bei der nur noch Kohlenhydrate zu Milchsäure (Laktat) abgebaut werden. Ab jetzt bedeutet das Training puren Stress für Ihren Körper:

- Es bildet sich mehr und mehr Laktat, die Muskeln »versauern« regelrecht. Sie ermüden rasch, das Verletzungsrisiko steigt enorm.

- Herz und Kreislauf werden über Gebühr strapaziert.
- Das Immunsystem wird beeinträchtigt, und Sie sind noch geraume Zeit später erhöht anfällig für Infekte.
- Sie brauchen erheblich längere Regenerationszeiten, sprich nach einem Training im anaeroben Bereich wird Ihnen der Spaß längere Zeit vergangen sein...

Ein heftiger Muskelkater ist immer ein Zeichen, dass Sie das Training übertrieben haben. Jetzt bloß nicht gleich eisern weitermachen! Der Körper braucht Zeit zur Regeneration und um feinste Muskelfaserrisse zu reparieren, die Ursache für den Schmerz sind.

Moderat bewegen = aerob trainieren

Die Effekte von anaerobem Training sind also das genaue Gegenteil vom dem, was Sie erreichen möchten, während körperliche Bewegung im aeroben Bereich Ihnen auf Dauer all die in den vorigen Kapiteln geschilderten Vorteile bringt. Wo die anaerobe Schwelle liegt, ist individuell verschieden, mit wachsender körperlicher Leistungsfähigkeit verschiebt sie sich nach oben. Sie können also mit der Zeit intensiver trainieren und dennoch im aeroben Bereich bleiben. Eine Belastungsanalyse kann genauen Aufschluss z.B. darüber geben, bei welcher Herzfrequenz Sie in welchem Bereich der Energiegewinnung trainieren. Die Grafik unten zeigt das Beispiel einer 51-Jährigen, die während einer Belastungsanalyse auf dem Laufband bzw. Fahrrad ihre persönliche anaerobe Schwelle bei einer Herzfrequenz von 155 bzw. 140 überschritt.

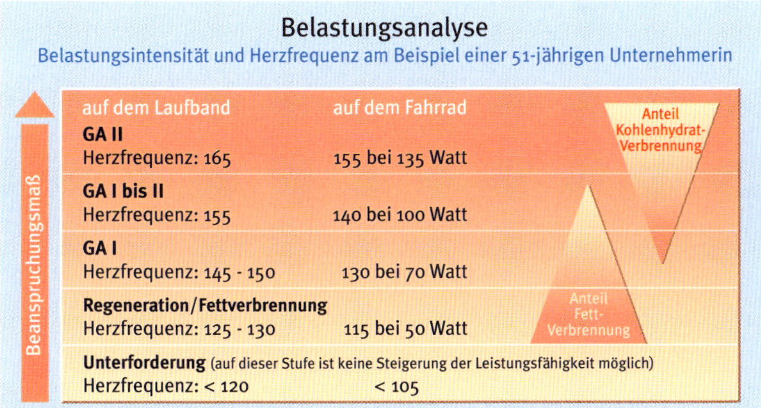

Die Grafik zeigt das Beispiel einer Belastungsanalyse. Für verschiedene Sportarten weichen die empfehlenswerten Herzfrequenzbereiche leicht voneinander ab.

Die genaue Kontrolle von Pulsfrequenz und Trainingsbereich ist keine akademische Haarspalterei: Durch diese Daten können Sie auch Ihre Fortschritte deutlich feststellen und »schwarz auf weiß« dokumentieren, wie Sie immer besser in Form kommen.

Die verschiedenen Trainingsbereiche

Wie aus umseitiger Grafik erkennbar ist, werden bei einer Belastungsanalyse unterschiedliche Trainingsbereiche definiert.

- **Unterforderung** Hier handelt es sich nicht um einen Trainingsbereich – bei dieser Herzfrequenz findet bei der Testperson kein Training im Sinne einer körperlichen Leistungssteigerung statt; die Intensität ist allzu gering.
- **Regeneration/Fettverbrennung** Dies ist eine niedrige Belastungsstufe, bei der hauptsächlich Fette zur Energiegewinnung verbrannt werden. Dieses ausgesprochen leichte Training ist geeignet zum Stressabbau und zur Regeneration.
- **Extensive Grundlagenausdauer (GA I)** Dieser Trainingsbereich ist im Sinne dieses Buches der wichtigste; er bezeichnet am deutlichsten, was mit »moderatem Bewegungstraining« gemeint ist. Hier bauen Sie Ihre Grundlagenausdauer auf, die die Basis für Gesundheit und Wohlbefinden darstellt. Sie ist nicht nur für Bewegungsmuffel das erstrebenswerte Ziel, sondern auch unabdingbare Voraussetzung für Sportliche, um anstrengende Sportarten unbeschadet ausüben zu können.
- **Intensive Grundlagenausdauer (GAII)** mit der Zwischenstufe GA I bis II bezeichnet Trainingsbereiche, in denen die Energie bereits teilweise oder gänzlich anaerob gewonnen wird. Training in dieser Intensität ist leistungs- und nicht gesundheitsorientiert. Als Dauerbelastung ist diese Trainingsstufe mit gesundheitlichen Risiken verbunden.

Die Kontrolle der Herzfrequenz

Ihr Puls ist ein zuverlässiger Maßstab für die gesunde Dosierung der Trainingsintensität. Das einfache Ertasten des Pulses an Handgelenk oder Halsschlagader bringt aber zahlreiche Ungenauigkeiten mit sich: Manchmal ist er kaum zu erspüren oder es ist während einer Belastung wie z. B. Fahrradfahren erst bei einer Pause möglich, den Pulsschlag zu zählen. Deshalb sind Pulsmessgeräte sehr sinnvoll, die man wie eine Armbanduhr am Handgelenk befestigen kann. Je nach Modell sind verschiedene Voreinstellungen möglich, so dass z. B. ein Warnton erklingt, wenn Sie eine bestimmte Herzfrequenz überschreiten.

Individuelle Frequenzvorgaben finden

Und wie erfahren Sie nun, in welchem Herzfrequenzbereich Sie persönlich am besten trainieren? Zum einen gibt es eine Reihe von Faustformeln, die bekannteste und einfachste lautet: 180 minus Lebensalter ergibt die Pulszahl (pro Minute), die nicht überschritten werden sollte. Weitere Formeln differenzieren stärker, aber allen gemein ist eine zu große Ungenauigkeit und ein zu geringer individueller Zuschnitt, weshalb wir hier nicht näher darauf eingehen wollen. Sehr viel genauer können Sie die optimalen Pulsvorgaben durch unseren Belastungstest ermitteln, den Sie einfach und risikolos selbst durchführen können (siehe Seite 58). Dann haben Sie die Möglichkeit, sich in verschiedenen sportmedizinischen Instituten einer professionellen Belastungsanalyse zu unterziehen. Was dabei passiert und welche leistungsdiagnostischen Untersuchungen darin inbegriffen sein sollten, erfahren Sie auf Seite 60ff.
Schließlich gibt es noch eine besonders raffinierte Variante der Pulsuhr: Die Herzfrequenz-Messgeräte der M-Serie von Polar können Ihre optimale Herzfrequenz für drei verschiedene Trainingsbereiche und abgestimmt auf verschiedene Sportarten ermitteln. Dazu muss man nur ein vorgegebenes, je nach Sportart modifiziertes kurzes Aufwärmprogramm absolvieren, anschließend zeigt das Display der Pulsuhr die ermittelten Werte an.

Wenn Sie sich für eine Wassersportart entscheiden, brauchen Sie unbedingt ein wasserdichtes Pulsmessgerät. Beachten Sie, dass die Herzfrequenz im Wasser bei vergleichbarer Belastungsintensität 10 bis 15 Schläge niedriger ist als an Land.

Die Pulsmessung erfolgt mittels Ableitung der Herzfrequenz vom Brustkorbbereich über ein drahtloses Sendeprinzip auf die Pulsuhr am Handgelenk.

So testen Sie Ihre Belastbarkeit

Mit diesem einfachen Test können Sie selbst die optimale Herzfrequenz für Ihr Bewegungstraining bestimmen. Dies ist zwar nicht ganz so genau wie eine professionelle Belastungsanalyse in einem darauf spezialisierten Institut, aber für den Einstieg eine Hilfe.
Sie brauchen dazu einen Herzfrequenzmesser ab 50 €, bequeme und gut passende Laufschuhe sowie eine ebene Übungsstrecke.

Und so funktioniert's

- Legen Sie ein Testprotokoll nach folgendem Schema an:

Ruheherzfrequenz: ______ Schläge/min
Herzfrequenz bei 4er-Atemrhythmus: ______ Schläge/min
Herzfrequenz bei 3er-Atemrhythmus: ______ Schläge/min

- Messen Sie Ihre Ruheherzfrequenz: Setzen Sie sich 3 Minuten entspannt hin, ermitteln Sie dann Ihren Puls mit Hilfe des Herzfrequenzmessers, und notieren Sie das Ergebnis im Testprotokoll.
- Gehen Sie vier Schritte, und atmen Sie in dieser Zeit einmal ein; gehen Sie weitere vier Schritte, und atmen Sie währenddessen einmal aus. Üben Sie diesen 4er-Atemrhytmus etwa 5 Minuten lang ein.
- Erhöhen Sie jetzt Ihre Geschwindigkeit so lange, wie Sie in der Lage sind, den 4er-Rhythmus beizubehalten. Messen Sie nach 10 Minuten Gehen die Herzfrequenz, und tragen Sie diese ins Testprotokoll ein. Der so ermittelte Puls ist die Zielfrequenz, deren Wert Sie beim Training künftig anstreben sollten.
- Steigern Sie Ihr Geh-/Lauftempo jetzt so, dass Sie innerhalb von jeweils drei Schritten ein- bzw. ausatmen. Bei diesem 3er-Rhythmus erreichen Sie eine Belastungsintensität, die ein untrainierter Mensch anfangs nicht einmal 5 Minuten durchhalten kann. Notieren Sie nach etwa 5 Minuten Gehen oder Laufen bei dieser Belastungsstufe Ihre Herzfrequenz.
- Belastungen im 2er-Atemrhythmus sind zu vermeiden. Sie haben eine zusätzliche Aktivierung des vegetativen Nervensystems zur Folge und erhöhen den Stress für beruflich und privat sowieso schon angespannte Menschen.

So trainieren Sie richtig

Wenn Sie die Belastungsanalyse durchgeführt haben, können Sie damit beginnen, Ihr persönliches Trainingsprogramm »maßzuschneidern«.

So funktioniert's

- Wählen Sie beim Gehen den 4er-Atemrhythmus, und peilen Sie die im Rahmen Ihrer Belastungsanalyse ermittelte Zielherzfrequenz an. Werden Sie kurzatmiger, sind Sie zu schnell. Das Motto lautet: Ohne Schnaufen zum Erfolg. So vermeiden Sie Erschöpfungszustände und verbessern innerhalb von nur acht Wochen Ihre Leistungsfähigkeit, Stresstoleranz und Lebensqualität enorm.
- Während bisher Inaktive anfangs gehen werden, müssen sportlich Aktive wahrscheinlich bereits laufen, um ihre Zielfrequenz zu erreichen. Das Tempo und die zurückgelegte Strecke sind jedoch völlig uninteressant – entscheidend ist die Trainingszeit. Bewegen Sie sich zunächst dreimal pro Woche für jeweils 30 bis 40 Minuten (z. B. montags, mittwochs, freitags), später können Sie je nach Laune auch täglich trainieren.
- Die Höhe der für Sie optimalen Herzfrequenz hängt auch von der Sportart ab, deshalb können Sie Ihren nun ermittelten Zielfrequenzwert nicht ohne weiteres auf andere Bewegungsformen übertragen. Beim Radfahren und Skilanglauf liegen die Herzfrequenzen um ca. 8 bis 10 Prozent, beim Schwimmen durch die Wirkung des Tauchreflexes um 6 bis 7 Prozent niederiger als beim Laufen.
- Bereits nach einigen Wochen Training werden Sie Ihre Zielherzfrequenz bei der gleichen Geschwindigkeit nicht mehr erreichen. Sie müssen das Tempo jetzt erhöhen, um Ihren »alten« Puls anzupeilen. Am besten verfolgen Sie Ihre Fortschritte mit Hilfe eines Trainingsverlaufsprotokolls.
- In dieses Protokoll können Sie auch Ihre Ruheherzfrequenz eintragen, die Sie vor jedem Training messen sollten und die Schwankungen unterliegen kann (z. B. durch einen leichten Infekt, unzureichende Flüssigkeitszufuhr, Zigarettenkonsum, Überhitzung durch sommerliche Temperaturen oder zu warme Bekleidung, Aufenthalt in höheren Lagen im Gebirge). Eine Kopiervorlage für ein Trainingsverlaufsprotokoll finden Sie in der vorderen Innenklappe des Buches.

Der eine möchte es einfach mal ganz genau wissen, der andere ist unsicher, was er eigentlich darf, kann und soll: Ein professionell durchgeführter Belastungstest gibt nicht nur Aufschluss, wie viel und welche Art von Bewegungstraining für Sie gut ist, sondern Sie erfahren auch viel über Ihren allgemeinen Gesundheitszustand.

Der professionelle Belastungstest

In vielen Fällen ist es ratsam, von einem sportmedizinischen Institut in Ihrer Nähe eine individuelle Belastungsanalyse erstellen zu lassen. Unbedingt erforderlich ist sie bei Vorerkrankungen wie Diabetes mellitus, Herzinfarkt, Bluthochdruck, immumologischen Problemen, orthopädischen Beschwerden oder im Lebensalter über 50 Jahren. Sehr zu empfehlen ist sie auch für bisher inaktive Personen – die motorischen Bewegungsmuffel also. Wenn Sie jünger als 50 Jahre sind, körperlich beschwerdefrei und auch keine genetische Veranlagung für bestimmte Erkrankungen haben, können Sie auf eine professionelle Analyse verzichten – sollten Sie aber vielleicht trotzdem nicht, denn Sie erfahren dabei weit mehr über Ihre körperliche Verfassung und Ihr Leistungsvermögen als nur die optimale Herzfrequenz für Ihr Training.

Eine fachgerecht durchgeführte Belastungsanalyse beinhaltet eine Vielzahl von Untersuchungen (siehe Kasten auf Seite 61), von denen wir hier die kurz beschreiben, die analog zum zuvor geschilderten selbst durchgeführten Belastungstest, aber weitaus genauer, der Bestimmung Ihres optimalen Trainingspulses dienen.

Flüssigkeitshaushalt und Leukozyten

Zunächst wird geprüft, wie es um Ihren Flüssigkeitshaushalt bestellt ist. Ihre Trinkgewohnheiten haben Einfluss auf die Herzfrequenz, denn bei zu geringer Flüssigkeitsaufnahme erhöht sich der Puls. Dann folgt eine Untersuchung des Blutes, um die Anzahl der weißen Blutkörperchen (Leukozyten) zu bestimmen. Eine erhöhte Leukozytenzahl führt zu einem deutlichen Anstieg des Pulsschlags auf den einzelnen Belastungsstufen und deutet auf einen Infekt hin. Die Berechnung der optimalen Herzfrequenz ist dann nicht möglich.

Checkliste Belastungsanalyse

Wenn Sie sich einer professionellen Belastungsanalyse unterziehen wollen, sollten Sie darauf achten, dass bestimmte Kriterien erfüllt werden.

- **Status-Quo-Analyse der Psyche: Wie sieht es mit dem Zustand des vegetativen Nervensystems über den Tag verteilt aus?**
- **Messung der Kräfteverteilung beim Stehen und Gehen, um eine orthopädische Fehlbelastung erkennen zu können; eventuell Korrektur durch Einlagen oder optimale Schuhe**
- **Muskelfunktionstest mit Tipps für Dehn- und Kräftigungsübungen**
- **Status-Quo-Bestimmung des Immunsystems**
- **Kardiale Abklärung (Herz, Blutdruck), möglichst mit Hilfe einer Echokardiographie (EKG)**
- **Erfassung des Blutbilds; erhöhte Anzahl weißer Blutkörperchen oder des HCT (Hämatokrit: Gesamtheit aller Zellen im Blut) beeinflussen den Puls**
- **Mikrobiologische Diagnostik; Suche nach Keimen des Zahnhalteapparats. Die optimierte Zahnpflege ist ein in wichtiges Instrument, um das Risiko für einen Herzinfarkt und Muskelprobleme zu minimieren.**
- **Stufentest auf dem Laufband mit Spiroergometrie und Stoffwechselanalyse zur Bestimmung der optimalen Fettverbrennung (respiratorischer Quotient, Laktatwerte); nach einer Pause 10-minütiger Dauertest**
- **Analog zum Laufband Stufentest auf dem Fahrrad, da verschiedene Sportarten unterschiedliche Pulsvorgaben erfordern.**

Keinen Sinn macht eine Belastungsanalyse bei einer akuten Erkrankung – auch wenn es nur ein banaler Schnupfen ist. Dies gilt auch für jede Art von sportlichem Training, denn der geschwächte Organismus braucht jetzt eine Zwangspause, um sich zu erholen.

Die Laktatwerte

Der Laktatwert hat Aussagekraft darüber, welche Energiequellen der Körper aktuell nutzt und wie der Organismus mit Sauerstoff versorgt ist. Liegt der Wert zu hoch, werden vorwiegend Kohlenhydrate ver-

Laktat oder Milchsäure wird im Körper durch ein Enzym abgebaut, das sich in besonders hohen Konzentrationen in Muskeln und Leber befindet. Bei längerem Training im anaeroben Bereich bildet sich aber sprunghaft so viel mehr Laktat, dass es nicht mehr schnell genug abtransportiert werden kann und als Stoffwechselschlacken das Gewebe »übersäuert«.

brannt, es herrscht Sauerstoffmangel, und die Fettspeicher werden nicht zur Energiegewinnung herangezogen (anaerober Stoffwechsel). Je höher also dieser Wert liegt, desto erschöpfender sind die Belastungen und der Stress für den Körper. Werte von vier Millimol pro Liter und höher, die über einen Zeitraum von 30 Minuten auftreten, sind gesundheitlich äußerst bedenklich.

Der Laktatwert entspricht dem Säuregehalt des Blutes. Der Ruhelaktatwert wird vor Beginn der körperlichen Belastung gemessen, er zeigt das Stoffwechselmilieu im Ruhezustand auf. Dann geht's auf das Laufband: Die Testperson absolviert fünf verschiedene Belastungsstufen, jeweils über drei Minuten Zeitdauer. Nach jeder Stufe wird die Herzfrequenz gemessen und etwas Blut aus dem Ohrläppchen entnommen, um die Laktatkonzentration nach Belastung zu ermitteln. Nach einer Pause folgt eine zehnminütige Dauerbelastung: Die hierbei ermittelten Laktatwerte dienen dann als Grundlage zur Berechnung der optimalen Herzfrequenz für ein Ausdauertraining.

Die Spiroergometrie

Bei der Spiroergometrie werden Herz-Kreislauf-Parameter aufgezeichnet und Atemgase bestimmt. So ermittelt man den Respiratorischen Quotienten (RQ = Verhältnis von Kohlendioxidabgabe zur Sauerstoffaufnahme). Er gibt Aufschluss über das Verhältnis, in dem Kohlenhydrate und/oder Fette als Energielieferanten genutzt werden. Gemessen wird parallel zu den Laktatkontrollen vor und nach verschiedenen körperlichen Belastungsstufen.

Bei einem Respiratorischen Quotienten von mehr als 0,90 werden hauptsächlich Kohlenhydrate verbrannt, bei einem RQ von weniger als 0,85 fast ausschließlich Fette. Dies ist nur ein grober Anhaltspunkt, denn zur genauen Auswertung der Untersuchungsergebnisse sind viel Erfahrung und Sachkenntnis nötig.

Gewicht verlieren – Beweglichkeit gewinnen

Wer nur durch den erhöhten Kalorienverbrauch motiviert Sport treibt, wird vermutlich bald die Lust verlieren. Und: Wer sich allzu sehr verausgabt, riskiert Heißhungerattacken, die gewiss nicht schlanker machen.

Nein, hier finden Sie nicht die ultimative neue Reduktionsdiät, mit der Sie in kürzester Zeit wieder in Bikini/Badehose eine tolle Figur machen. Aber wir nennen Ihnen einige Fakten, wie Sie durch ein moderates Bewegungstraining Ihr Körpergewicht reduzieren können. Man kann nämlich durchaus mit Sport schlanker und attraktiver werden – aber auch hier kommt es auf das richtige Maß an. Außerdem sind eine rundum gesunde Ernährung und die ausreichende Versorgung mit wichtigen Mikronährstoffen unerlässlich, um die Pfunde purzeln zu lassen.

Sport und Abnehmen – die häufigsten Irrtümer

Mit wenig Aufwand viel erreichen, Gelassenheit ausstrahlen, Stress reduzieren und Spaß dabei haben – nichts leichter als das! Unser allgemeines Verständnis besagt aber meist, dass Abnehmen durch körperliche Bewegung ein höchst mühseliges Unternehmen ist, nach der Devise: »Je intensiver und anstrengender, desto besser!«

Fehler Nr. 1: Verbissenheit

Stellen Sie bloß nicht das Ziel »Gewichtsabnahme« über die Spaßkomponente! Es ist viel wichtiger, dauerhaft Freude an der Bewegung zu entwickeln, um wirklich beständig und regelmäßig zu trainieren. Ziele Ihrer sportlichen Betätigung sollten Gesundheit, Fitness und Stressabbau sein, eine Normalisierung des Körpergewichts stellt sich mit der Zeit dann »wie von selbst« ebenfalls ein.

Ausgepumpt und abgeschlafft – wenn Herr und Hund nur noch alle Viere von sich strecken können, war das sportliche Training zu intensiv. Das macht einen Bärenhunger, aber bestimmt nicht schlanker!

Spitzensportler haben in der Regel mindestens eine Ahnung, was sie ihrem Körper antun und ihre Gründe, warum sie das in Kauf nehmen – Freizeitsportler dagegen strapazieren ihre Gesundheit oft unwissentlich. Übergewichtige sollten möglichst gelenkschonende Sportarten wählen, um den Speckpolstern den Kampf anzusagen.

Fehler Nr. 2: Tempo tut Not

Je höher das Bewegungstempo, desto höher steigt zwar anteilsmäßig die Verbrennung von Kohlenhydraten, dennoch nimmt die absolute Zahl der Fettkalorien zu. Natürlich schadet es nicht, mal eine kleine Tempovariation einzulegen. Außerdem wird sich mit der Zeit zwangsläufig Ihr Bewegungstempo steigern, da Ihre Kondition sich nach und nach so verbessert, dass Sie sich intensiver bewegen müssen, um Ihre optimale Trainingsherzfrequenz zu erreichen. Wer aber dauernd »auf die Tube drückt« stresst sein vegetatives Nervensystem, ohne schneller Pfunde zu verlieren.

Fehler Nr. 3: Viel hilft viel

Zur Gewichtskontrolle muss man die gesamte Tagesbilanz betrachten und nicht nur die Kalorienmenge, die unmittelbar beim Training verbraucht wird. Nur wer über 24 Stunden ein Kaloriendefizit schafft, indem mehr Kalorien verbrannt als zugeführt werden, kann auch Körperfett verlieren.

Wer das Training übertreibt, hat anschließend Heißhunger – und das führt meist zu nichts Gutem! Gerade erst sind 500 Kilokalorien verbrannt, und schon kann man seine Gelüste auf etwas Süßes kaum noch bezähmen. Am besten greift man jetzt zu einer Banane oder einer vitamin- und nährstoffreichen Fruchtschnitte. Günstig ist auch Apfelschorle, mit der Sie den Flüssigkeitshaushalt und auch den Blutzuckerspiegel ausgleichen können.

Fehler Nr. 4: Vitaminpillen – brauch ich nicht

Es betrifft durchaus nicht nur Vitamine – 90 Prozent der sportlich aktiven Menschen weisen nach unserer Erfahrung erhebliche Defizite in der Grundversorgung mit wichtigen Mikronährstoffen auf. Die vielen zellulären Blutuntersuchungen, die wir in den letzten Jahren durchgeführt haben, zeigen einen erheblich vermehrten Bedarf an Vitaminen, Mineralstoffen und Spurenelementen auch bei moderater körperlicher Bewegung.

Über die normale Ernährung sind diese Defizite kaum zu beheben, denn selbst hochwertige Nahrungsmittel enthalten oft nicht mehr die Anteile an Mikronährstoffen, von denen die Analysen der Ernährungswissenschaftler der DGE (Deutsche Gesellschaft für Ernährung) bei Empfehlungen für Tagesmengen ausgehen.

Woran es vermutlich liegt, dass unsere Lebensmittel nährstoffärmer geworden sind und wie Sie Defizite am besten ausgleichen können, erfahren Sie ab Seite 170.

Radikaldiäten lassen zwar die Pfunde schmelzen, führen aber auch zu Defiziten in der Nährstoffversorgung. Das macht Sie schlapp und schlaff und faltig – ganz bestimmt nicht der gewünschte Effekt! Und die verlorenen Kilos sind nach Abschluss der Diät dann auch noch ganz schnell wieder da.

Ein Vorzug des Älterwerdens kann es sein, mit stabilerem Selbstbewusstsein den eigenen Körper zu akzeptieren, statt realitätsfernen Schönheitsidealen nachzueifern. Gewichtskontrolle ist ein wichtiger Teil der Gesundheitsvorsorge – aber legen Sie bitte nicht jedes Gramm auf die »Goldwaage«!

Haben Sie Übergewicht?

Diese Frage sollten Sie sich nach objektiven Kriterien ehrlich beantworten, statt nach vermeintlichen »Idealmaßen« attraktiver Vorbilder zu schielen, die vielleicht überhaupt nicht Ihrer Konstitution entsprechen. Das wichtigste Kriterium für Ihr Körpergewicht ist, dass Sie sich wohl in Ihrer Haut fühlen!

Allerdings – gar zu viele Extrakilos beeinträchtigen Ihre Gesundheit, können chronischen Erkrankungen Vorschub leisten und machen Sie unbeweglich und träge. Bei der Fragestellung »Wie viel ist zu viel?« kommt es auch auf die Fettverteilung an.

Apfel- oder Birnentyp?

Geschlechtsspezifisch lagern sich Fettzellen an unterschiedlichen Körperstellen an:

- Beim weiblichen Fettverteilungstyp, dem »Birnentyp«, sammeln sich mehr Fettzellen unter der Haut von Hüfte und Oberschenkel an. Dies gilt für 85 Prozent der Frauen und 15 Prozent der Männer.
- Beim männlichen Fettverteilungs- oder »Apfeltyp« kommt es zu einer Fettvermehrung überwiegend im Bauchraum. Dieser Typ findet sich bei 80 Prozent der Männer und 20 Prozent der Frauen.

Die scheinbar nicht »stimmigen« Prozentsätze ergeben sich, weil bei beiden Geschlechtern auch Mischformen vorkommen oder durch Hormoneinflüsse (z. B. während der Wechseljahre oder bei Schilddrüsenfunktionsstörungen) ein Typenwechsel stattfinden kann.

Mit Bauchspeck lebt man riskant

Ungerechterweise können Männer vom Apfeltyp rascher Übergewicht abbauen als Frauen vom Birnentyp. Bei Muskelarbeit oder Hunger kann das Fett aus den Bauchfettzellen des Apfeltyps leichter

mobilisiert und in der Muskulatur verbrannt werden als Fett des Birnentyps. Die Kehrseite: Das Bauchfett ist auch gesundheitlich gefährlicher. Die Bauchraumfettzellen sind aktiver als die Fettzellen des Unterhautgewebes, da sie sich schneller entleeren und die Blutbahn mit Fettsäuren überschwemmen.
Der Risikogrenzwert für den Bauchumfang beträgt bei Frauen 88 und bei Männern 102 Zentimeter. Überschreitet der Bauchumfang diese kritischen Werte, so entsteht im Fettgewebe ein Quelldruck, und Fett läuft in die Blutbahn über.

Die Waage sagt nicht alles: Es kommt auch auf die Fettverteilung an, also darauf, wo die Polster sitzen. Viel Bauch bedeutet ein höheres Gesundheitsrisiko als ein allzu üppiger Po. Wichtig ist außerdem das Verhältnis von Fettzellen zu Muskelmasse.

Der Bodymass-Index

Eine einfache Formel gibt Ihnen recht zuverlässig Aufschluss, ob Sie abnehmen sollten – der so genannte Body Mass Index (BMI):

$$\text{BMI} = \frac{\text{Körpergewicht in Kilogramm}}{\text{Körpergröße (in m)}^2}$$

Und das sagen die Werte aus:

- **Untergewicht: unter 18,5**
- **Normalgewicht: 18,5 bis 25**
- **Übergewicht: 25 bis 30**
- **Adipositas: über 30**

Bewegung brauchen Dünne wie Dicke

Auch Untergewichtige brauchen regelmäßig Bewegung, um die Muskeln zu entwickeln und gesund zu bleiben. Sie sollten aber keine erschöpfenden Sportarten betreiben und auf reichliche Nährstoffzufuhr achten. Das andere Extrem, die stark Übergewichtigen (Adipositas) sollten unbedingt den Arzt konsultieren und eine Belastungsanalyse machen, bevor sie ein Bewegungstraining (möglichst in Form gelenkschonender Ausdauersportarten) aufnehmen.

Die Grafik zeigt, dass bei mäßigem Joggen über 30 Minuten der Anteil der aus Fettreserven verbrannten Kalorien im Verhältnis zur Gesamtmenge der verbrauchten Energie optimal ist, um Extrapfunde zu verlieren.

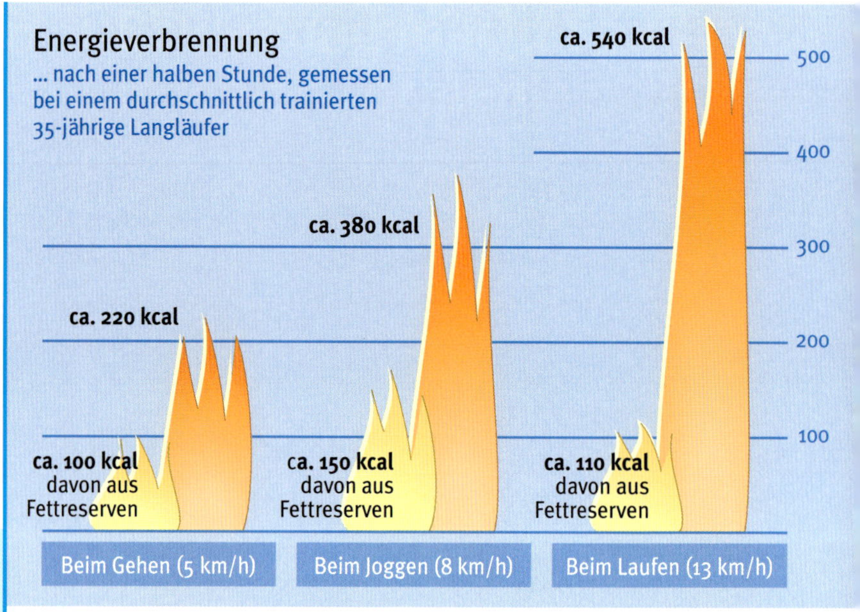

Je höher das Übergewicht, umso größer die Hemmungen, ein regelmäßiges Bewegungstraining aufzunehmen. Überwinden Sie sich trotzdem, denn zum gerechten Ausgleich werden bei Ihnen die positiven Folgen von Sport plus Ernährungsumstellung besonders rasch sicht- und fühlbar!

Das bringt das Fett zum Schmelzen

Abnehmen durch sportliche Bewegung – das heißt vor allem: die Fettverbrennung ankurbeln. Dazu müssen Sie sich nicht völlig verausgaben, denn eine hohe Belastungsintensität wirkt sich sogar negativ auf die Fettverwertung aus. Es werden dann hauptsächlich Kohlenhydrate aus den Depots der Leber und der Muskeln verbrannt (anaerobe Energiegewinnung).

Moderates Training, das primär auf Fettverbrennung mit Hilfe von Sauerstoff ausgerichtet ist (aerobe Energiegewinnung), ist zum Abnehmen effektiver und ohnehin gesünder. Besonders geeignet als »Kalorienfresser« sind Laufen (Walking, Wandern, Joggen), Skilanglauf, Schwimmen und Radfahren. Auch Spielsportarten wie Tennis, Badminton, Handball usw. sind sehr effektiv, um Pfunde zu verlieren

– vorausgesetzt, Sie sind bereits so gut trainiert, dass Sie diese Sportarten betreiben können, ohne sich zu erschöpfen, d.h. Ihre optimale Herzfrequenz auch dabei nicht dauernd überschreiten.

Langsam aber stetig…

Während die »Fettverbrennungsturbinen« des trainierten Ausdauersportlers beim Lauf unter Sauerstoffüberschussbedingungen etwa 70 Prozent des Energiebedarfs aus Fett beziehen, sind es beim Untrainierten mit seinem eingerosteten Fettverbrennungsapparat lediglich 40 Prozent.

Wie Sie in der nebenstehenden Grafik sehen, verbrennt der dort beschriebene Läufer beim schnellen Gehen ca. 220 Kilokalorien aus den Speichern der Muskulatur und Leber, aber nicht mehr als 100 Kilokalorien davon aus Fettreserven. Läuft er sehr intensiv, verbrennt er zwar insgesamt 540 Kilokalorien, aber wiederum nicht mehr als 100 Kilokalorien in Form von Fettdepots.

Je höher die Intensität der Belastung ist desto weniger Fette kann er verbrennen. Joggt er dagegen in mittlerem Tempo, verbraucht er in 30 Minuten 380 Kilokalorien, wovon 150 aus Fettreserven stammen – warum sich also schinden wollen?

Der Effekt steigert sich allmählich

Für eine optimale Fettverbrennung werden bestimmte Enzyme (Stoffwechselbeschleuniger) benötigt, für deren Bildung eine verbesserte Sauerstoffversorgung notwendig ist. Diese Enzyme bilden sich aber erst nach einigen Wochen des körperlichen Trainings. Durch den moderaten Ausdauersport wird die Leistungsfähigkeit Ihrer Lunge, der roten Blutkörperchen, des Herz-Kreislauf-Systems sowie der Mitochondrien erhöht und damit die Sauerstoffbereitstellung und die Fettverbrennungskapazität gesteigert.

Radfahren und Schwimmen sind besonders geeignete Sportarten für Übergewichtige, weil Beine und Hüften nicht das Körpergewicht tragen müssen. Wer lieber läuft, sollte auf gut gedämpfte Schuhe und weichen Untergrund (Wiese, Waldboden – kein Asphalt) achten.

Das beeinflusst die Fettverbrennung

- Die Funktionsfähigkeit der Schilddrüse (lassen Sie bitte den Status der Schilddrüsenhormone T3, T4 und TSH bei Ihrem Hausarzt bestimmen)
- Die Anzahl der bisher ausgebildeten Enzyme
- Die Anzahl der Mitochondrien (die »Kraftwerke« der Zellen)
- Die ausreichende Versorgung mit Mikronährstoffen (Vitaminen, Mineralstoffen etc.)
- Die gute Versorgung mit wichtigen Eiweißen, die das Hormonsystem beeinflussen (siehe Seite 135f.)

Unterstützung beim Abnehmen bieten Heilpflanzensäfte aus dem Reformhaus: Artischocke regt die Gallenproduktion an und fördert die Fettverbrennung, Brennnessel entwässert, Kartoffelsaft bindet überschüssige Magensäure und Zinnkraut strafft das Bindegewebe.

Ernährungstipps für eine bessere Fettverbrennung

Eine abwechslungsreiche, vollwertige Ernährung und die ausreichende Versorgung mit Mikronährstoffen bilden die Grundlage Ihrer Gesundheit, Ihres Bewegungstrainings und auch Ihres Abnehmerfolgs. Deshalb sollen ab Seite 126 diese Themen noch ausführlich behandelt werden. Hier aber einige Tipps vorab, die Ihnen helfen, überflüssige Pfunde zu verlieren.

Bestimmung des Status quo

Bei einer Unterversorgung mit bestimmten Nährstoffen kann keine optimale Fettverbrennung stattfinden. Eine Ernährungsumstellung und Ergänzung von Mikronährstoffen und Eiweißen kann dann empfohlen werden – aber bitte gezielt und nicht einfach blindlings aufgrund viel versprechender Werbung für einzelne Präparate! Folgende Messgrößen sollten Sie zunächst überprüfen lassen:

- Hormone der Schilddrüse (T3, T4, TSH)
- Gesamteiweiß (optimal: mehr als 8 g/dl)
- Ferritin (optimal: Männer > 120 µg/ml, Frauen > 60 µg/ml)
- Chrom (optimal: 0,1-0,2 mg/l)
- Wachstumshormon (IGF1-Faktor, optimal:)

> 780 µg/ml (16–24 Jahre)
< 492 µg/ml (26–39 Jahre)
< 360 µg/ml (40–54 Jahre)
< 290 µg/ml (ab 55 Jahre)

- Magnesium, Zink und Selen in der Zelle messen lassen

Der Status des Wachstumshormons (IGF1-Faktor) muss nicht unbedingt in jedem Fall geprüft werden. Sinnvoll ist die Messung dann, wenn sich trotz optimaler Versorgung mit Mikronährstoffen auch nach Monaten aktiven Trainings das Körpergewicht nicht ändert.

Wichtig – die Messung in der Zelle

Entscheidend bei den Mikronährstoffen sind die zellulären Ergebnisse, nicht auf der Serumebene durchgeführte Untersuchungen. Es gibt in Deutschland nur wenige Institute, die diese Messungen durchführen. Wir haben aufgrund unserer langjährigen Erfahrungen u. a. durch immunologische Untersuchungen eigene Referenzwerte für eine optimale Versorgung mit den einzelnen Mikronährstoffen festgelegt. Mehr darüber erfahren Sie ab Seite 175.

Mehrbedarf bei körperlichem Training

Neben anderen wichtigen Funktionen spielt Magnesium eine wichtige Rolle, wenn Sie mit Bewegung abnehmen wollen. Weisen Sie zelluläre Magnesiumdefizite auf, kann sich Ihre Grundlagenausdauer nur eingeschränkt entwickeln. Die Körpergewichtsreduktion erfolgt deutlich langsamer als bei einer guten Versorgung mit dem Mineralstoff. Wie auch bei den Mikronährstoffen Zink und Selen erhöht sich der Bedarf an Magnesium enorm durch ein Bewegungstraining. Eine ausreichende Zufuhr von Magnesium schützt Sie auch vor schmerzhaften Muskelverspannungen und -krämpfen.

Zu dick und trotzdem unterversorgt: Übergewichtige haben oft gravierende Mängel an Mikronährstoffen. Wenn sie sportlich aktiv werden, steigt der Bedarf dann noch erheblich, wie diese Grafik zeigt.

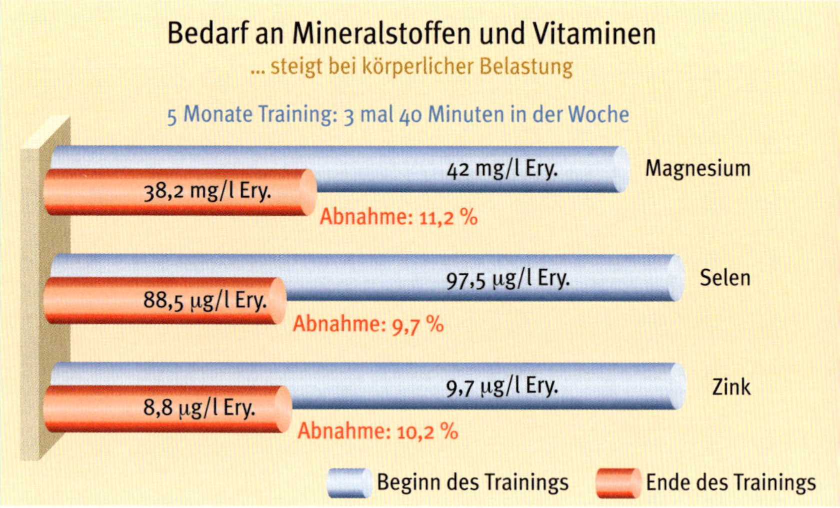

Carnitin ist ein wichtiger Eiweißstoff für die Fettverbrennung, der aus Aminosäuren im Körper gebildet wird. Übergewichtige haben oft zu wenig davon. Besonders viel Karnitin ist in Muskelfleisch, Herz und Leber von Lamm- und Rindfleisch enthalten.

Chrom mobilisiert die Fettzellen

Das Spurenelement Chrom ist ein Bestandteil des Glukose-Toleranz-Faktors (GTF), der wichtig für die Glukoseverwertung ist, weil er die Wirkung von Insulin verbessert. So wird die Bauchspeicheldrüse entlastet und muss weniger Insulin produzieren. Der Blutzuckerspiegel stabilisiert sich, und die Fettzellen geben ihre Moleküle zur Verbrennung frei. In den USA hat man bei Übergewichtigen festgestellt, dass diese mit der Ernährung täglich nur etwa 60 Mikrogramm Chrom aufnehmen, obwohl ihr Bedarf bei 200 Mikrogramm liegt. Natürliche Nahrungsquellen für Chrom sind z. B. Bierhefe, Weizenvollkornbrot, fettreiche Käsesorten oder Paranüsse.
Vitamin C hilft dabei, das Chrom für den Organismus verfügbar zu machen. Eine ausreichende Versorgung mit Vitamin C (etwa zweimal 500 Milligramm am Tag, beispielsweise durch die Acerolakirsche) und mit L-Carnitin (ein bis zwei Gramm) optimieren auch die Fettverbrennung.

Turbomotor Wachstumshormon

Moderate körperliche Bewegung und optimale Nährstoffversorgung lassen die Werte des Wachstumhormons ansteigen. Allein bewirkt es nicht viel, aber es kurbelt die Produktion von IGF1 (Insulin-like Growth Factor 1) an. Dieser wiederum erhöht die Fettverbrennung, den Kraftzuwachs und allgemein Ihre körperliche und geistige Leistungsfähigkeit. Es wird im Körper nur dann ausreichend produziert, wenn Ihre Schilddrüsenhormone optimal abgestimmt sind.

Die Insulinfalle

Das Hormon Insulin wird in der Bauchspeicheldrüse hergestellt und hat in erster Linie die Aufgabe, Glukose, also Kohlenhydrate, in die Zellen einzuschleusen.

Bei der Zufuhr schnell löslicher Kohlenhydrate in Form von Süßigkeiten oder Weißmehlprodukten schnellt der Blutzuckerspiegel in die Höhe und bewirkt eine verstärkte Insulinausschüttung. Das Insulin transportiert die überreichliche Glukosezufuhr schleunigst in die Zellen, und der Blutzuckerspiegel fällt wieder rapide ab. Man fühlt sich angespannt, müde und gereizt und bekommt Heißhunger auf Süßes – was eine erneute Insulinausschüttung bewirkt und einen Teufelskreis in Gang setzt, der durch das stetige Auf und Ab des Blutzuckerspiegels die Leistungsfähigkeit beeinträchtigt, zu Übergewicht führt und die Bauchspeicheldrüse überbeansprucht.

Wer also abnehmen und beweglich bleiben möchte, sollte für einen ausgeglichenen Blutzuckerspiegel sorgen. Neben der ausreichenden Versorgung mit Chrom und Wachstumshormon heißt das: Vermeiden Sie Lebensmittel mit hohem glykämischen Index (siehe umseitige Tabelle). Der glykämische Index (GI) ist eine Messgröße dafür, wie stark ein Lebensmittel die Blutzucker- bzw. Glukosewerte im Blut ansteigen lässt.

Kleine Zwischenmahlzeiten halten den Blutzuckerspiegel konstant – wenn Sie die richtige Wahl treffen. Frisches Obst, ungeschwefelte Trockenfrüchte, fettarme Milchprodukte, frische Blatt- und Gemüsesalate sind prima; Schokoriegel, Kekse, Kartoffelchips, Weißmehlgebäck und Brötchen mit fettem Aufschnitt dagegen nicht.

Der glykämische Index

Hoher GI	Mittlerer GI	Niedriger GI
Bier	Avocados	Äpfel
Brötchen	Bananen	Beeren
Cornflakes	Dörrobst	Hülsenfrüchte
Helles Brot	Kartoffeln	Joghurt
Honig	Käse	Kohlgemüse
Limonaden	Mais	Milch
Polierter Reis	Melonen	Tofu
Sirup	Naturreis	Tomaten
Süßigkeiten	Nudeln	Vollkornnudeln
Zucker	Vollkornbrot	Zitrusfrüchte

Aufregung und Stress können Ihren Eiweißbedarf kurzfristig enorm steigern. Wer abspecken möchte, muss dann besonders auf eine reichliche Zufuhr von Aminosäuren aus der Nahrung achten, denn bei einem Mangel sinkt die Stoffwechselrate, und der Zeiger der Waage rührt sich kein bisschen mehr.

Mehr Eiweiß – aber das richtige

Für eine gute Fettverbrennung sollte der Gesamteiweißspiegel über 8g/dl liegen. Wichtig ist dabei aber auch, woher das Eiweiß kommt, nämlich vorzugsweise aus Eiweißverbindungen ohne oder mit nur wenig Fett. Der tägliche Verzehr z. B. von Sojaprodukten in Form von Drinks, Tofu etc. liefert viele hochwertige Aminosäuren ohne die unerwünschte Zugabe tierischer Fette. Mit 37 Prozent hat die Sojabohne den höchsten Eiweißanteil aller Lebensmittel. Testen Sie einmal die breite Palette von Sojaprodukten, die Sie in großer Auswahl in Reformhäusern finden!

Bei Stress, Übergewicht oder stark beanspruchter Immunabwehr ist sogar eine Eiweißzufuhr bis zu 1,5 Gramm pro Kilogramm Körpergewicht empfehlenswert. Es ist allerdings schwierig und nur mit großer

Essdisziplin zu erreichen, dass z.B. ein 90 Kilogramm schwerer Mann sich 135 Gramm Eiweiß am Tag nur über seinen Speiseplan zuführt. In solchen Fällen kann Eiweißpulver mit einer hohen biologischen Wertigkeit (über 100) helfen, eine ausreichende Versorgung zu erreichen. Empfehlenswert ist eine Ergänzung von dreimal 30 Gramm Molkenpulver täglich, die über den Tag verteilt zugeführt werden.

Ferritin hält die Muskeln fit

Ferritin ist ein in Leber, Milz und Knochenmark vorkommendes Eiweiß des Körpers, das für die Eisenspeicherung zuständig ist. Die Menge des Ferritins stimmt relativ genau mit den Eisenvorräten des Körpers überein. Der Eisenwert ist sehr schwankend, so dass die Ferritinwertbestimmung die genauere Alternative ist. Ferritin sorgt, vereinfacht ausgedrückt, für die Bindungsfähigkeit von Sauerstoff in der Muskulatur. Je besser Sie damit versorgt sind, desto besser ist auch Ihre Leistungsfähigkeit.

Die auf Seite 71 angegebenen optimalen Werte beziehen sich auf eigene Untersuchungsergebnisse, die eine deutliche Steigerung der körperlichen und geistigen Leistungsfähigkeit bei gezielter Zufuhr von eisenhaltigen Nahrungsmitteln dokumentieren.

Dinner Cancelling

Dies ist der modische Ausdruck dafür, das Abendessen ausfallen zu lassen – der Figur und der Fitness zuliebe. Eine Theorie dazu lautet, dass der Organismus in der Nacht auf Hochtouren damit beschäftigt ist, seine Zellen zu reparieren und zu verjüngen und ein aufwändiger Verdauungsprozess dies nur behindern würde. Jedenfalls stört ein voller Bauch den Nachtschlaf entschieden. Wer nicht mit knurrendem Magen ins Bett mag, sollte die Abendmahlzeit spätestens zwei Stunden vorher einnehmen.

Ihr Abendessen sollte weder zu viel Rohkost (am Abend zu schwer verdaulich) noch Lebensmittel mit hohem glykämischen Index enthalten. Empfehlenswert sind dagegen leichte Gerichte mit viel magerem Eiweiß und reichlich Vitaminen.

Walking als gesunder Allroundsport ist so beliebt geworden, dass es inzwischen in den meisten Orten Walkingtreffs gibt, wo man Gleichgesinnte findet – bestimmt auch in Ihrer Nähe. Weiter informieren über diesen Sport können Sie sich auch im Internet unter www.walking.de.

Bewegung macht Spaß in vielen Formen

Wir wissen nicht, ob Sie schon die eine oder andere Sportart ausüben und Freude daran haben – wenn ja, bleiben Sie dabei! Überlegen Sie nur, ob Sie aufgrund der bisher gewonnenen Erkenntnisse die Ausübung Ihres Sports etwas gesundheitsbewusster gestalten können, z. B. die Intensität etwas zurücknehmen und ergänzend ein Ausdauertraining hinzunehmen, um Ihre konditionelle Grundlage zu verbessern. Anregungen für geeignete Ergänzungen finden Sie im Folgenden. Für bisher sportlich Inaktive stellen wir einige Sportarten vor, die sich besonders gut für den Einstieg in ein moderates Bewegungstraining eignen, aber auch auf Dauer Spaß machen und Ihre Lebensqualität erhöhen.

Walking

Walking ist der perfekte Allroundsport: Er ist für nahezu jedermann fast überall und zu jeder Jahreszeit auszuüben. Man braucht keine aufwändige Ausrüstung, kann bei jedem Wetter walken, gemeinsam mit anderen oder auch allein.

Die Technik ist leicht erlernbar, und die Grundlagenausdauer kann systematisch aufgebaut werden, ohne Überbelastungen wie z. B. beim Jogging zu riskieren. Auch werden die Gelenke mehr geschont, was Walking auch zu einer empfehlenswerten Bewegungsform für Übergewichtige oder Menschen mit vorgeschädigten Gelenken oder Füßen macht. Die Stoßkräfte sind um bis zu zwei Drittel geringer als beim Jogging! All diese Vorzüge haben die Sportart in den letzten Jahren sehr beliebt gemacht.

Schritt für Schritt zu mehr Lebensqualität: Walking ist eine hervorragende Sportart für Einsteiger, die Naturerlebnis, Stressabbau und Herz-Kreislauf-Training miteinander verbinden lässt.

Die Ausrüstung

Die Hauptsache beim Walking ist das Schuhwerk: Es gibt im Fachhandel spezielle Walkingschuhe, aber auch Jogging- oder leichte Trekkingschuhe sind geeignet. Zum Walken bei Regenwetter sollten Sie auch ein paar Laufschuhe mit Goretex- oder Sympatex-Ausrüstung haben, damit die Füße trocken bleiben. Wichtig sind ein griffiges Profil, eine weiche Sohle und ein stabiler Leisten, damit der Fuß Halt hat. Zur Unterstützung des Fußgewölbes ist in vielen Fällen eine Einlegesohle empfehlenswert.

Die Kleidung sollte der Witterung angepasst, aber nicht zu warm sein. Spezielle Funktionsbekleidung aus dem Sportgeschäft ist natürlich ideal, aber auch atmungsaktive, bequeme Freizeitbekleidung erfüllt ihren Zweck. Je nach Jahreszeit und Witterung brauchen Sie auch noch Handschuhe, eine leichte Kopfbedeckung, eine Sonnenbrille und eine Trinkflasche für unterwegs.

Kaufen Sie neue Sportschuhe möglichst am Nachmittag, denn dann sind die Füße durch die Tagesbelastung etwas größer als am Morgen. Probieren Sie ausführlich (auch mit den richtigen Sportsocken!), und laufen Sie damit im Geschäft herum.

Messen Sie auch öfter Ihre Pulsfrequenz kurz nach dem Training: Falls Sie im Rahmen der optimalen Trainingsherzfrequenz geblieben sind, sollten Sie spätestens zwei Minuten nach Abschluss des Trainings einen Pulsfrequenzabfall von 25 Schlägen haben.

Die Technik

Walking ist leicht zu beherrschen, aber doch mehr als einfach ein zügiger Spaziergang. Achten Sie auf einen kontrollierten Bewegungsablauf:

- Stellen Sie sich aufrecht hin, mit lockeren Schultern, und richten Sie den Blick nach vorn – nicht auf die Füße.
- Starten Sie mit einer mittleren, zügigen Schrittlänge, Sie sollten weder trippeln noch ausholend schreiten. Dabei setzen Sie zuerst die Ferse auf, rollen betont über den Mittelfuß ab und drücken sich noch einmal kräftig mit dem Großzehballen ab. Die Fußspitzen weisen möglichst gerade in Gehrichtung. Beim Aufsetzen lassen Sie das Knie leicht gebeugt.
- Die Arme werden aktiv mitbewegt: Sie werden um mindestens 90 Grad angewinkelt und schwingen gegengleich zur Beinbewegung locker mit. Der rechte Arm schwingt also mit dem linken Bein nach vorn. Vorwärts schieben die Arme kräftig an, der Rückwärtsschwung ist mehr eine passive Ausgleichsbewegung. Die Hände bleiben locker geschlossen oder leicht geöffnet – nicht zu Fäusten geballt.

Das Training

Für den Anfang sind dreimal wöchentlich 30 bis 45 Minuten Walking ausreichend. Sie können aber auch täglich walken, ohne sich zu überanstrengen! Die Intensität richtet sich nach Ihrer individuellen Leistungsfähigkeit – und die haben Sie ja inzwischen ermittelt! Kontrollieren Sie Ihr Training mit dem Herzfrequenzmesser, der beim Walking Ihr ständiger Begleiter sein sollte. Steigern können Sie sich über Ihr Gehtempo, wobei Sie schnellere, nicht aber längere Schritte machen sollten. Abwechslung in der Intensität bringt auch die Wahl des Geländes: Auf einer hügeligen Strecke müssen Sie sich natürlich mehr anstrengen als auf einem ebenen Weg.

Nordic Walking

Nordic Walking ist eine Variante des Walkings mit dem großen Vorteil, noch effektiver den ganzen Körper zu trainieren, also auch die Rumpf-, Schulter- und Armmuskulatur zu stärken. Die Sportart wurde ursprünglich in Finnland als Sommertraining der professionellen Langläufer und Biathleten entwickelt, fand aber bald auch großen Anklang unter den Freizeitsportlern. Nachdem in Skandinavien, den USA und Japan immer mehr Menschen vom Nordic Walking begeistert sind, haben auch in Deutschland viele diese neue Bewegungsform für sich entdeckt. Alle für das Walking genannten Vorzüge treffen auch auf Nordic Walking zu, mit einigen Pluspunkten:

- Es kräftigt die Oberkörpermuskulatur.
- Es löst Verspannungen im Schulter-Nacken-Bereich.
- Durch den Einsatz der Stöcke wird der Bewegungsapparat entlastet, es ist daher noch besser geeignet bei Rücken- und Knieproblemen.
- Es ermöglicht sicheres Laufen auch auf unebenem oder glattem Untergrund.
- Nach Untersuchungen des Cooper Instituts in Dallas ist es beträchtlich effektiver als Walking: Bei gleichem Gehtempo werden bis zu 46 Prozent mehr Kalorien verbrannt und mehr Sauerstoff verbraucht.

Es sieht zu albern aus, mit zwei Stöcken energisch durch Wald und Flur zu laufen? Genauso lächerlich fand man vor etlichen Jahren auch die ersten Jogger, die ihre Runden nicht auf dem Sportplatz, sondern auf öffentlichen Wegen drehten. Also nur keine Hemmungen, mal zu den Trendsettern zu gehören!

Auch der Oberkörper mit Schulter- und Armmuskulatur wird beim Nordic Walking wirkungsvoll trainiert durch den energischen Stockeinsatz.

Wer täglich viele Stunden am Schreibtisch oder vor dem Computer sitzt, muss dringend Ausgleich für die verkrampfte Schulter-, Nacken- und Armmuskulatur schaffen. Nordic Walking ist ein idealer Sport, um auch diese Bereiche zu lockern und zu trainieren.

Die Ausrüstung

Für Schuhe und Bekleidung gilt für das Nordic Walking das Gleiche, wie bereits für das Walken Genannte (siehe Seite 77). Zusätzlich brauchen Sie als unerlässliche Ausrüstung Nordic-Walking-Stöcke, die so genannten Poles. Diese speziellen Stöcke werden aus Kohle- und Glasfasern hergestellt, sind sehr leicht und äußerst belastbar. Die Länge muss auf Ihre Körpergröße abgestimmt sein, man rechnet dafür die Körperlänge in Zentimetern mal 0,7. Eine Frau von 1,70 Meter Körpergröße braucht also Poles von 1,20 Meter Länge (ganz genau von 1,19 Meter Länge, aber serienmäßig werden die Stöcke in Abstufungen von fünf Zentimetern angeboten). Durch Handschlaufen und geformte Enden hat man die Stöcke gut im Griff, die Spitze kann je nach Untergrund mit einer Gummi- oder Metallspitze versehen werden.

Die Technik

Die Bewegungen beim Nordic Walking nehmen eine Mittelstellung zwischen denen des Skilanglaufs und des Walkens ein:

- Wie beim Walken wird der Körper aufgerichtet, eine mittlere Schrittlänge gewählt und die Füße aufgesetzt und abgerollt.
- Wie beim Skilanglauf drückt man sich mit den Zehen kräftig ab und lässt die Knie deutlich gebeugt beim Aufsetzen.
- Die Stöcke werden nah am Körper geführt und setzen jeweils mit der gegenüberliegenden Ferse auf, also: linker Stock und rechte Ferse. Der jeweils aufgesetzte Stock wird anschließend diagonal nach hinten zurückgeführt, gleichzeitig kommt der andere Stock mit dem gegenüberliegenden Bein nach vorn.
- Die Hände bleiben locker geöffnet und greifen nur beim Aufsetzen des Stocks kurz zu.

Auch für Nordic Walking gibt es zahlreiche Treffs, wo man mit geschulten Instruktoren die Technik erlernen kann.

Das Training

Nordic Walking sollten Sie wie Walking etwa dreimal wöchentlich 30 bis 45 Minuten trainieren. Die Intensität müssen Sie individuell abstimmen, wobei Sie beachten sollten, dass Nordic Walking generell intensiver ist als Walking. Sie können also bei steigender Kondition von Walking zu Nordic Walking wechseln, statt beispielsweise zu joggen. Nordic Walking lässt sich variieren und intensivieren durch höheres Tempo, parallelen Stockeinsatz oder kräftigeren Einsatz der Oberkörper- und Armmuskulatur.

Radfahren

Auch Radfahren ist ein sehr vielseitiger und gesunder Ausdauersport mit hohem Spaßfaktor: Man kommt herum, genießt den Fahrtwind und die Aussicht aus »erhabener« Perspektive. Zudem ist Radfahren gelenkschonend und daher auch für Übergewichtige zu empfehlen. Die kleinen Nachteile: Während man Regen noch trotzen kann, hört bei Glatteis und Schnee für die meisten das Radelvergnügen auf. Rücken- und Nackenprobleme können sich verschlimmern, wenn das Rad keine gute Dämpfung und man selbst nicht die richtige Sitzhaltung hat. Auch müssen Koordination und Gleichgewichtssinn stimmen, damit man sich auch im Straßenverkehr sicher fühlt und weder sich noch andere gefährdet.

Die Ausrüstung

Ohne Fahrrad geht natürlich nichts, und wenn eine Neuanschaffung fällig ist, hat man die Qual der Wahl. Es gibt unzählige Modellvarianten, die allesamt nicht gerade billig sind. Für ein moderates Bewegungstraining kommen am ehesten Trekking- oder auch Citybikes infrage. Damit wollen wir weder Mountainbikern noch Rennradfah-

Wenn Sie länger nicht mehr auf dem Fahrrad gesessen sind, sollten Sie erst mal ein paar vorsichtige Übungen machen: Radeln Sie enge Kreise in wechselnder Richtung, machen Sie ein paar energische Bremsmanöver aus höherem Tempo, lösen Sie abwechselnd die eine und die andere Hand vom Lenker (freihändig zu fahren können Sie getrost den Teenagern überlassen).

Auf öffentlichen Wegen gilt nicht das Recht des Stärkeren! Radeln Sie rücksichtsvoll, und machen Sie nicht mit bei der Hackordnung: »Autofahrer verdrängt Radfahrer, Radfahrer verdrängt Fußgänger«.

Alpines Biken ist die abenteuerliche Variante des Radfahrens. Schöne Eindrücke und sportliches Training können Sie aber auch auf beschaulicheren Radwegen bekommen.

rern den Spaß verderben, aber für Trainingseinsteiger sind diese Räder vielleicht eine zu ehrgeizige Wahl. Am wichtigsten ist die passende Rahmengröße. Als Richtwerte gelten:

- Bis 1,65 Meter Körpergröße: Rahmenhöhe bis 54 Zentimetern
- 1,65 bis 1,80 Meter Körpergröße: Rahmenhöhe 54 bis 58 Zentimeter
- Über 1,80 Meter Körpergröße: Rahmenhöhe ab 58 Zentimetern

Zu Sitzhöhe, Satteleinstellung, Fußstellung und Lenkstange gibt es stark differierende Empfehlungen – lassen Sie sich im Fachgeschäft beraten, und probieren Sie ausführlich aus, welche Einstellungen für Sie am bequemsten sind. Für ein gesundheitsorientiertes Radtraining empfehlen sich die rückenschonende aufrechte Sitzposition und eine gute Federung. Die Bekleidung sollte anliegend, aber bequem sein und vor Auskühlung durch Fahrtwind schützen. Eine gepolsterte Radhose hilft unangenehme Druck- und Scheuerstellen an empfindlicher Stelle zu vermeiden! Ein Radhelm sollte mindestens im Straßenverkehr den Kopf schützen, die Schuhe eine griffige Sohle haben, damit Sie nicht von den Pedalen abrutschen. Eine Schutzbrille hält Straßenstaub, Wind und kleine Insekten von Ihren Augen fern, und eine Trinkflasche sorgt für den Flüssigkeitsausgleich.

Die Technik

»Was soll's, Radfahren kann man oder kann man nicht«, denken Sie? Weit gefehlt, die Beherrschung des »runden Tritts« ist dabei wichtig und nicht jedem gegeben.

- Man unterscheidet bei einer kompletten Pedaldrehung zwischen Druck-, Zug- und Schubphase. Die Druckphase ist jedem bekannt und bezeichnet die Bewegung, mit der das Pedal aus seiner höchsten Stellung nach unten getreten wird. Dann ist bei den meisten Radlern »Sendepause«: Sie warten passiv ab, dass durch den Druck aufs andere Pedal das erste wieder hochkommt. Um effektiv, kräfteschonend und ausdauernd Rad zu fahren, müssen aber die jeweiligen »toten Punkte«, wenn das Pedal ganz oben bzw. ganz unten steht, überwunden werden. Dazu muss kurz vor Erreichen dieser beiden Pedalstellungen jeweils eine aktive Schiebe- (oben) bzw. Zugbewegung (unten) mit dem Fuß erfolgen. Dieser »runde Tritt« will geübt sein, erleichtert das Strampeln aber ungemein.

- Die Knie sollen beim Treten nach vorn, nicht zur Seite zeigen.
- Die Gangschaltung soll jeweils passend zu Gelände oder Gegenwind so eingestellt werden, dass Sie eine mittlere Trittfrequenz beibehalten können und nicht zu hohen Kraftaufwand benötigen.

Wie viele Gänge braucht man: drei, sieben, 21 oder noch mehr? Das ist eigentlich nur Geschmackssache. Neuere Fahrräder haben mindestens sieben Gänge – und nur bis zu dieser Anzahl gibt es auch noch die Kombination mit einer Rücktrittbremse. Wer daran gewöhnt ist, sollte möglichst dabei bleiben, um nicht gefährliche Situationen heraufzubeschwören.

Das Training

Wählen Sie für den Anfang eine hohe Trittfrequenz mit geringem Krafteinsatz. Ein- bis zweimal wöchentlich eine Strecke von 20 bis 30 Kilometern genüsslich zu radeln bringt mehr für Ihre Grundlagenausdauer als häufiger für 20 Minuten »Tempo zu machen«. Kontrollieren Sie Ihre Herzfrequenz, um in dem für Sie optimalen Bereich zu bleiben. Sie liegen beim Radfahren acht bis zehn Prozent unter der von Ihnen bei dem Eigentest auf Seite 58 ermittelten Herzfrequenz. Steigern Sie Ihr Training eher durch höheres Tempo und längere Fahrzeiten als durch kräftezehrendes Bergauffahren.

Schwimmen

Schwimmen ist wie auch Walking der perfekte Allroundsport: Für jedermann geeignet, von der Witterung und Jahreszeit unabhängig, weil man zwischen Frei- und Hallenbad wechseln kann, und in den verschiedensten Intensitätsstufen auszuüben. Menschen mit Bewegungseinschränkungen durch Knochen- und Gelenkprobleme und auch Übergewichtige können das Gefühl der Schwerelosigkeit im

»Chlorwasser – igitt!«, sagen viele und lassen sich durch dieses hygienische Erfordernis leider vom Schwimmbadbesuch abhalten. Dabei hat in den meisten Bädern das Wasser durch moderne Mittel längst nicht mehr so einen unappetitlichen Geruch wie früher. Empfindliche Haut kann man vor dem Schwimmen leicht einölen, empfindliche Augen schützt die (inzwischen voll akzeptierte) Schwimmbrille.

Wasser genießen, effektiv trainieren und dabei gesundheitliche Risiken vermeiden, die für sie bei anderen Sportarten bestehen. Nicht umsonst wird Schwimmen auch immer wieder von Ärzten empfohlen, denn es beugt vor und hilft bei Stoffwechselerkrankungen, Herz-Kreislauf- und orthopädischen Problemen. Außerdem baut es die Muskeln auf und hilft dabei, Körpergewicht zu reduzieren.

Nicht ganz so simpel

So weit, so gut – ein paar Nachteile gibt es auch. Die Technik scheint zwar einfach, aber nur wenige beherrschen sie wirklich. Fast jeder hat gelernt, sich über Wasser zu halten, für ein Fitnesstraining wäre es aber sinnvoll, mindestens einen, besser zwei verschiedene Schwimmstile richtig zu beherrschen. Dann haben sich in den letzten Jahren sehr viele Schwimmbäder in »Wasser-Erlebnisparks« verwandelt, die zwar reichlich Plantschspaß und Entspannung bieten, in denen man aber häufig mangels geräumigen Schwimmerbeckens nicht mehr gut trainieren kann. Dennoch – in jedem Fall tun Sie sich mit Bewegung im Wasser etwas besonders Gutes, auch wenn die Bedingungen für ein gezieltes Training nicht ideal sein sollten!

Rückenschwimmen ist die perfekte Stilart, um die Wirbelsäule zu entlasten und die Rumpfmuskulatur zu stärken – aber nur, wenn man Armzug und Beinschlag der Technik richtig beherrscht!

Die Ausrüstung

Sie ist fürs Schwimmen erfreulich unaufwändig: Badehose bzw. -anzug, Kunststoffschlappen und Handtücher – das ist die Grundausstattung. Sehr empfehlenswert ist außerdem eine Schwimmbrille, die Augenreizungen durch Chlorwasser vorbeugt. Eine Kappe rettet zwar nicht die Frisur – die Haare werden trotzdem nass – kann aber beim Schwimmen im Freien den Kopf vor kalter Zugluft schützen. Sehr nützlich sind auch Auftriebshilfen, die man in verschiedener Form im Sportgeschäft bekommt und die dabei helfen können, die eigene Schwimmtechnik zu verbessern.

Fragen Sie ruhig auch mal den Schwimmmeister, wenn Sie den Eindruck haben, irgendetwas stimmt nicht mit Ihrem Stil. Der gibt meist sehr hilfsbereit sachkundigen Rat, statt immer nur freche Jungs abzumahnen oder verirrte Kleinkinder wieder den Eltern zuzuführen.

Die Technik

Es würde den Rahmen dieses Buches sprengen, die genaue Technik der einzelnen Schwimmstile zu erläutern. Für ein moderates Training sind am besten Rücken- oder Kraulschwimmen geeignet, mit Einschränkungen auch Brustschwimmen.

Rückenschwimmen ist ausgezeichnet für die Wirbelsäule – aber nur, wenn man's richtig macht, sonst können sich Rückenbeschwerden sogar verschlimmern. Brustschwimmen kann Knieprobleme verursachen oder verschlimmern, und wer dabei auch noch den »Entenstil« mit hoch aus dem Wasser gereckten Kopf pflegt, braucht sich über Nackenverspannungen nicht zu wundern. Kraulschwimmen wiederum ist bei falscher Technik zu anstrengend. Es lohnt sich also, noch einmal »richtig« schwimmen zu lernen und vielleicht einen Kurs zu besuchen!

Das Training

Am besten schwimmen Sie zwei- bis dreimal in der Woche etwa 30 Minuten lang (reine Schwimmzeit). Versuchen Sie dabei, nicht besonders schnell zu schwimmen, sondern eine gewisse Strecke

Sehr beliebt und immer verbreiteter sind Whirlpools, Sole- und Thermalbecken. Diese bieten aber wirklich nur reines Badevergnügen, für einen längeren Aufenthalt oder gar sportliche Betätigung sind sie viel zu warm und damit sehr kreislaufbelastend.

durchzuhalten. Ihr Ziel könnte sein, 1000 Meter am Stück in einer oder wechselnden Stilarten zu schwimmen – das sollten Sie aber langsam angehen und dabei als Gradmesser Ihre optimale Trainingsherzfrequenz im Auge behalten. Sie können mit den auf Seite 57 vorgestellten (wasserdichten) Polar-Testern auch zwischendurch nach einigen Bahnen Ihre Pulsfrequenz ablesen. Sie liegt etwa acht bis zehn Prozent niedriger als beim Walking oder Ihrem selbst durchgeführten Belastungstest. Schwimmen Sie zunächst nur 100 Meter, legen Sie eine kurze Pause ein, und schwimmen Sie dann weitere 100 Meter. Steigern Sie die Länge der Strecke nur, solange Sie sich wohl dabei fühlen und Ihr Puls stimmt.

Aquasport

Sie bewegen sich zwar gern im Wasser, haben aber keine besondere Lust, Bahnen zu schwimmen? Probieren Sie doch auch einmal eine der anderen Aquasportarten aus:

- Wassergymnastik: Ist für jeden geeignet, der sich über Wasser halten kann, und wird in den meisten öffentlichen Bädern zu bestimmten Zeiten unter Anleitung angeboten. Durch verschiedene Übungen kann man sehr gezielt einzelne Körperbereiche trainieren, man kann aber auch sehr gut die allgemeine Herz-Kreislauf-Funktion stärken. Durch den Wasserwiderstand sind die Übungen viel effektiver als zu Lande, gleichzeitig werden die Gelenke geschont.
- Aquajogging: In hüft- oder brusthohem Wasser wird gelaufen, ähnlich wie beim Joggen an Land. Auch die Arme sollen kräftig mitschwingen. Je tiefer das Wasser, desto effektiver, aber auch anstrengender wird die Sache. Auch Aquajogging ist sehr gelenkschonend und dabei ein gutes Herz-Kreislauf-Training. Man sollte nicht länger als 30 bis 45 Minuten in mäßigem Tempo trainieren, dafür zwei- bis dreimal in der Woche.

- Aquarobic: Ist abwechslungsreicher als Aquajogging und kann in verschiedenen Intensitätsstufen trainiert werden. Mit Musik und in einer Gruppe werden verschiedene Bewegungsübungen in hüft- bis brusthohem Wasser ausgeführt. Aquarobic ist eine dynamischere Form von Wassergymnastik und kann leicht zu anstrengend werden, wenn nicht schon eine gute Grundlagenausdauer vorhanden ist. Man trainiert etwa 20 bis 30 Minuten lang, möglichst zwei- bis dreimal in der Woche.

Skilanglauf

Skilanglauf ist ein herrlicher Ausdauersport für den Winter – es gibt nichts Schöneres, als auf den Brettern durch die verschneite Landschaft zu gleiten auf Wegen, die man als Spaziergänger im tiefen Schnee kaum bewältigen könnte.

Dabei ist Langlauf gesundheitlich äußerst wertvoll: Man tankt reichlich Sauerstoff, trainiert sämtliche Muskelgruppen und das Herz-Kreislauf-System. Man kann je nach Tempo, Laufstil und Gelände in unterschiedlichen Intensitätsstufen laufen, und die technischen Voraussetzungen sind in der Grundlage nicht schwierig – obwohl es durchaus Steigerungsmöglichkeiten gibt!

Nachteile: Da man nun mal Schnee dafür braucht und das nicht zu knapp, kann Skilanglauf eigentlich nur eine ergänzende Sportart für ein regelmäßiges Bewegungstraining sein. Außerdem neigen besonders Ältere und Menschen mit Herz-Kreislauf-Problemen dazu, die Belastung zu unterschätzen und sich gründlich zu übernehmen. Da man sich oft irgendwo in der Landschaft befindet, ist es unter Umständen schwierig, die Tour einfach abzubrechen, wenn's zu viel wird. Dennoch: Skilanglauf ist ein großes Vergnügen und, wenn mit Bedacht ausgeübt, für die meisten Menschen ohne Risiko.

Sport macht hungrig! Nehmen Sie immer ein paar kleine Snacks wie Müsliriegel oder Fruchtschnitten mit, und vergessen Sie auch nicht Mineralwasser oder Fruchtsaftschorle. So können Sie späteren Heißhungerattacken rechtzeitig vorbeugen.

Packen Sie auch unbedingt ein Sonnenschutzmittel ein, wenn Sie auf Langlauftour gehen – und vergessen Sie nicht, es auch anzuwenden! Sehr leicht handelt man sich auf Stirn, Nase und im Nacken schlimme Verbrennungen ein, die man in der kalten Winterluft erst spät bemerkt.

Die Ausrüstung

Über die Hauptsache, nämlich Ski, Bindungen, Skischuhe und Stöcke, wollen wir hier nicht viele Worte verlieren: Die große Bandbreite der Modelle macht eine ausführliche Beratung im Fachgeschäft unerlässlich. Eine komplette Ausrüstung ist für etwa 250 € zu haben. Als Neueinsteiger ist man gut beraten, zunächst die Ausrüstung zu leihen, was in allen Wintersportorten möglich ist.

Die Kleidung sollte Wind und Wasser abweisen, damit Sie bei einem »Hinsetzer« in den Schnee nicht gleich durchnässt sind. Außerdem braucht man mehrere Schichten, da es häufig zu Beginn einer Tour bitterkalt ist – und nach kurzer Zeit ist man schweißdurchtränkt, wenn man nicht etwas ablegen (und auch platzsparend verstauen!) kann. Ebenfalls wichtig sind Handschuhe, Mütze und fast immer auch eine Sonnenbrille: Auch bei bedecktem Himmel kann der Schnee stark blenden. Getränke und Müsliriegel oder andere gesunde Snacks sind willkommen, wenn die nächste Einkehr noch fern ist.

Die Technik

Skilanglauf wird in verschiedenen Stilen und Schritttechniken trainiert, die wir hier nicht ausführlich darstellen können. Anfänger sollten möglichst einen Kurs in einem Wintersportort buchen, um die richtige Technik in einer Gruppe zu üben.

Wer ein bisschen sportlich ist, kann sich zwar durchaus auf eigene Faust mit den neuen Ski auf eine Anfängerloipe wagen. Das ist aber meist ein eher frustrierendes Unternehmen: Untrainierte schieben sich mühsam und kräftezehrend durch die Landschaft, während Alpinskigeübte plötzlich bei der kleinsten Hügelabfahrt unsanft im Schnee landen, weil sie die ungewohnte Bremstechnik nicht beherrschen. Viel mehr Spaß haben Sie in jedem Fall, wenn Sie Skilanglauf mit einem Lehrer von Grund auf lernen!

Blauer Himmel, eindrucksvolles Gipfelpanorama und in der Sonne glitzernder Schnee – ein Wintermärchen, das auch eingefleischte Stubenhocker auf die Langlaufbretter bringen kann.

Vor Jahren traf man in Langlaufloipen vorwiegend ältere Menschen, die in gemächlichem Tempo diese Bewegungsform als Alternative zum »sportlicheren« Alpinski genossen. Inzwischen haben längst auch »Sportcracks« die dynamischeren Varianten des Skilanglaufs für sich entdeckt. Entwickeln Sie keinen falschen Ehrgeiz, einen ebenso rasanten Stil zu zeigen, wenn Sie nicht in bester Kondition sind!

Das Training

Da für Bewohner hiesiger Breiten Langlauf nur als Saisonsport infrage kommt, braucht man über den Trainingsaufbau nicht viel mehr zu sagen als:

- Hüten Sie sich vor Übertreibung, wählen Sie nur Loipen aus, die Ihrem Können entsprechen, und achten Sie auf die Streckenlänge!
- Es gilt wie immer: Kontrollieren Sie Ihre Herzfrequenz, damit der Wintersport ein gesundes Vergnügen bleibt und nicht zur Strapaze für Kreislauf und Muskeln wird.

Kreuzlahm, fußkrank und verspannt? Unglaublich viele Menschen sind zeitweise oder dauerhaft von Beschwerden geplagt, die ihnen die Freude an Bewegung vermiesen. Dem kann man vorbeugen – und bei kleineren Problemen auch wirksame Abhilfe schaffen.

Gesunder Rücken – gesunde Füße

Was Ihnen nützt und was eher schadet

Fast 90 Prozent aller Erwachsenen leiden irgendwann in ihrem Leben an Rückenschmerzen. Vorwiegend sind Menschen jenseits der 50 betroffen, aber auch 30 Prozent der 7- bis 17-Jährigen haben bereits Rückenprobleme. Die Summe von Schmerzen und Bewegungsbeeinträchtigungen, die hinter diesen Zahlen steht, ließe sich mit konsequenter Vorsorge erheblich verringern.

Schmerzfrei bewegen durch aktive Vorsorge

Rückenschmerzen in allen Spielarten vom Nacken bis hinunter zum Kreuz, Gelenkprobleme und Fußbeschwerden sind so häufig und in jeder Altersgruppe vertreten, dass sie als »Alltagszipperlein« oft kaum Beachtung finden. Häufig entstehen aus den gelegentlichen Beeinträchtigungen aber mit den Jahren sehr ernsthafte Krankheiten mit starken Bewegungseinschränkungen. Nicht umsonst hoffen die meisten Menschen im Hinblick auf ihr Alter, dass sie zum einen geistig fit, zum anderen aber auch vor allem »auf den Füßen«, selbstständig beweglich bleiben. Dafür kann man eine Menge tun – durch Vorbeugung, aber auch durch gezielte Maßnahmen zur Besserung bereits bestehender Beschwerden. Selbstverständlich können unsere Ratschläge keinesfalls eine genaue Diagnose und Behandlung durch einen Orthopäden oder Sportarzt ersetzen, wenn Sie bereits ernste und dauerhafte Probleme haben.

Den Rücken stärken

Fehlerhafte Körperhaltung, Über- und Fehlbelastung – das ist das unselige Trio, welches zu den verschiedensten Rückenproblemen führt. Zunächst entwickeln sich Muskelverspannungen, die allmählich chronische Form annehmen und auf Dauer zu Verschiebungen von Wirbeln und Bandscheibenschäden führen können. Dann ist erst mal an ein Bewegungstraining nicht mehr zu denken, und man ist froh, mit Hilfe von Medikamenten oder gar der Chirurgie wieder halbwegs schmerzfrei zu werden. Damit es so weit nicht kommt, sollten Sie bei den ersten Beschwerden etwas unternehmen!

Nackenverspannungen

Wer ist noch nie mit steifem Nacken aufgewacht? Die allermeisten kennen das Phänomen: Der Kopf sitzt wie schief angeschraubt auf den Schultern, und die kleinste Bewegung tut höllisch weh. Ursache sind verspannte Muskeln im Nacken- und Schulterbereich. Gelegentlich sind Kälte und Zugluft die Auslöser dafür, oft aber notorische Fehlhaltungen.

Auch anhaltender psychischer Stress kann Nackenverspannungen auslösen, mit ungeahnten Folgen: Neben Nackenschmerzen können starke Kopfschmerzen und sogar Hörbeeinträchtigungen durch die verkrampften Muskeln verursacht werden.

Eine gute zelluläre Versorgung mit Magnesium kann Nackenverspannungen erheblich reduzieren. Wenn Sie häufig darunter leiden, sollten Sie Ihre Magnesiumwerte zellulär messen lassen, um eventuell bestehende Defizite auszugleichen.

Das hilft sofort ...

Als Sofortmaßnahmen helfen vor allem Wärme und sanfte Massage von Nacken und Schultern. Keinesfalls darf dabei aber heftig oder gar schmerzhaft geknetet werden! Versuchen Sie nicht, mit gewaltsamen Kopfbewegungen gegen die Blockade anzugehen, sondern warten Sie ab, bis sich der Nacken lockert – was meist im Laufe eines Tages geschieht. Bei länger anhaltenden Beschwerden muss der Arzt untersuchen, ob vielleicht Fehlstellungen der Nackenwirbel vorliegen.

...und das beugt vor

Sollten Sie häufiger unter Nackenverspannungen leiden, können Sie neuen Attacken vorbeugen. Kommen starker Druck und innere Anspannung als Auslöser infrage, sollten Sie aktiven Stressabbau betreiben. Neben viel körperlicher Bewegung helfen dabei Entspannungstechniken (lesen Sie dazu ab Seite 191).

Nehmen Sie Haltung an! Der Rundrücken ist der Hauptfeind einer entspannten Nackenpartie und muss unbedingt verschwinden. Achten Sie ganz bewusst auf eine aufgerichtete Haltung im Gehen und

Für Models ist eine gute Haltung mindestens die Hälfte des Berufskapitals. Nicht nur die Wirbelsäule, auch Schönheit und Ausstrahlung profitieren enorm von einer aufrechten Körperhaltung!

Zart und graziös, aber robust: Frauen aus Kulturen, in denen Lasten auf dem Kopf balanciert werden, haben nur selten Probleme mit dem Rücken. Das natürliche Haltungstraining sorgt für starke Muskeln.

Sitzen: Dazu drücken Sie die Schultern leicht nach hinten und unten, ziehen sanft den Bauch ein und halten den Kopf in perfekter Verlängerung Ihrer Wirbelsäule aufrecht – als ob Sie einen Gegenstand auf Ihrem Scheitel balancieren würden (was Sie ruhig auch mal ausprobieren sollten).

Für Ihr Bewegungstraining gilt: Besonders günstig für die Schulter- und Nackenmuskulatur sind Nordic Walking, Skilanglauf und Schwimmen. Bei den ersten beiden Sportarten kommt es auf den richtigen Stockeinsatz an, beim Schwimmen ist zu beachten: Ein aus dem Wasser gereckter Kopf beim Brustschwimmen ist Gift für Ihren Nacken, Rückenschwimmen ist optimal – wenn Sie den rückwärtigen Armschlag richtig beherrschen! Ganz allgemein können Sie Rückenschmerzen wirkungsvoll vorbeugen mit Wirbelsäulengymnastik, oft in Kursen als »Rückenschule« angeboten.

Kreuzschmerzen

Spätestens nach einem »Hexenschuss« weiß man ganz genau, dass man ein echtes Problem hat, aber auch dumpfe Schmerzen und bleierne Müdigkeit im unteren Rücken können einem ganz schön zusetzen. Während der »Hexenschuss« ganz seinem Namen getreu unvermittelt nach einer ungünstigen Bewegung oder einer besonderen Belastung erfolgt, treten Kreuzschmerzen oft chronisch auf als Folge von dauernder Überbeanspruchung des Rückens durch Haltungsfehler, einseitige körperliche Belastung und einer zu schwach ausgebildeten Muskulatur von Rücken, Bauch und Po. Diese drei Muskelgruppen müssen nämlich im Team arbeiten, um unsere Wirbelsäule zu stützen. Wer häufiger schwere Lasten wuchtet oder solche in Form von Übergewicht mit sich herumträgt, mutet der Wirbelsäule zu viel zu, sofern das muskuläre »Stützkorsett« nicht bestens funktioniert. Ganz wichtig ist auch hier die gute Haltung!

Das hilft sofort...

Ein »Hexenschuss« zwingt durch jäh einschießenden Schmerz zu einer gekrümmten Haltung – und so bleiben Sie zunächst bitte auch! Versuchen Sie gar nicht erst sich aufzurichten, sondern sorgen Sie schnellstens für Wärme durch eine Heizdecke, eine Wärmelampe oder ein heißes Bad. Wenn der Schmerz nachlässt, dürfen Sie vorsichtig versuchen, sich zu lockern und etwas zu bewegen. Hält der Schmerz länger an, kommen Sie wahrscheinlich nicht ohne Arztbesuch aus: Er untersucht, ob eine Ischiasreizung oder ein Bandscheibenschaden vorliegt, und gibt schmerzlösende Medikamente.
Bei dumpfem Schmerz und Ermüdung des unteren Rückens hilft die Entspannungslage. Legen Sie sich auf den Rücken auf eine feste Unterlage, und lagern Sie die Füße und Unterschenkel so hoch, dass die Oberschenkel senkrecht sind, die Beine also einen 90-Grad-Winkel bilden. Am einfachsten geht das auf dem Fußboden mit der Sitzfläche eines Stuhls oder Sessels als Beinauflage. Diese Haltung entlastet die Wirbelsäule vom Druck und wirkt sehr entspannend.

...und das beugt vor

Gehen Sie entschieden gegen ein Hohlkreuz an! Kontrollieren Sie Ihren Schreibtischstuhl: Stimmt die Sitzhöhe? Bei aufgestellten Füßen sollten die Oberschenkel waagerecht sein und das Knie um ca. 90 Grad gebeugt. Die Sitzfläche darf keinesfalls nach hinten geneigt sein; legen Sie sich eventuell ein Keilkissen so unter, dass sich eine leichte Vorneigung ergibt. Auch eine Fußbank kann helfen, die Sitzposition zu verbessern. Für Ihr Bewegungsprogramm gilt: Dieselben Sportarten, die Nackenverspannungen vorbeugen, tun auch dem unteren Rücken gut. Probieren Sie ein spezielles Übungsprogramm für den Rücken aus, und achten Sie besonders auf die Kräftigung der Oberschenkel-, Po- und Bauchmuskulatur.

Die Hexe scheint zwar aus dem Nichts zu schießen, es gibt aber ein paar handfeste Gründe, warum einen der Schmerz in die Knie zwingt. Fast immer machen uns erst eine schwache Rumpfmuskulatur, Stress und eine monotone Körperhaltung zur Zielscheibe.

Den Rücken schonen im Alltag

- Verteilen Sie schwere Lasten immer gleichmäßig auf beide Arme.
- Heben Sie Getränkekisten, Umzugskartons oder Kleinkinder nicht mit Schwung aus den Hüften hoch, sondern gehen Sie in die Knie und bringen Sie die Last durch die Kraft der Bein- und Armmuskeln in die Höhe.
- Sorgen Sie dafür, dass die Arbeitsflächen in der Küche so hoch sind, dass Sie nicht ständig in gebeugter Haltung davor stehen müssen.
- Schaffen Sie sich eventuell einen Stehstuhl an für Arbeiten wie z. B. Bügeln oder den Abwasch. Oder stellen Sie bei Arbeiten im Stehen wechselnd das eine oder andere Bein auf eine Fußbank.
- Wählen Sie Lenkerform und Satteleinstellung bei Ihrem Fahrrad so, dass Sie aufrecht, nicht in »aerodynamischer Rennfahrerhaltung« darauf sitzen.

»Lümmeln« Sie ruhig öfter einmal! Kaum jemand schafft es, in wirklich perfekter Sitzhaltung längere Zeit auszuharren. Besser, als einfach zusammenzusinken, ist es, möglichst häufig die Position zu verändern und sich zu räkeln und zu strecken.

Gelenkarthrosen

Bei wiederkehrenden oder chronischen Schmerzen in einem oder mehreren Gelenken muss durch den Arzt zunächst die Ursache abgeklärt werden. Bei Verletzungen und Erkrankungen, die die Gelenke in Mitleidenschaft ziehen, ist eine medizinische Therapie, eventuell auch ein chirurgischer Eingriff unumgänglich. Wir beschränken uns auf Ratschläge zur Vorbeugung und Linderung von Gelenkarthrosen, die zum einen sehr häufig vorkommen, zum anderen manchmal auch gerade durch sportliche Überbelastung entstehen.

Der Knorpel baut ab

Arthrotische Veränderungen an den Gelenken sind meist altersbedingte Verschleißerscheinungen. Das Knorpelgewebe zwischen der knöchernen Gelenkpfanne und dem Gelenkkopf baut sich ab und wird unelastisch. Dadurch fehlt in zunehmendem Maße die »Pufferzone« zwischen den knöchernen Gelenkanteilen, die dann schmerzhaft aneinander reiben. Fehlbelastungen verschlimmern die Arthrose, es kann zu Dehnungen der Gelenkkapsel und Bänder kommen sowie zu Entzündungen im Gelenk. Oft ist irgendwann ein künstlicher Gelenkersatz fällig. Hüft- und Beingelenke sind am häufigsten von Arthrose betroffen: Sie haben unser Leben lang meist unser gesamtes Körpergewicht zu tragen – nicht selten auch noch erhebliches Übergewicht. Fehlstellungen der Füße, unterschiedliche Beinlängen oder leichte Verkrümmungen der Beine können ebenfalls durch einseitige Abnutzung von Gelenken zu Arthrose führen.

Wenn eine Operation nicht infrage kommt, helfen manchmal auch Einspritzungen einer gelartigen Substanz in das betroffene Gelenk. Diese künstliche »Gelenkschmiere« lindert Bewegungsschmerzen und kann weitere Schäden hinauszögern. Leider ist der Effekt aber nicht von sehr langer Dauer.

Besonders belastende Sportarten

Auch jüngere Menschen leiden oft unter Gelenkarthrosen – hier ist häufig übertriebener sportlicher Ehrgeiz die Ursache. Nicht nur Leistungssportler, auch Freizeitsportler missachten häufig ihre Grenzen. Besonders schädlich sind, zu intensiv ausgeübt:

- Kraftsportarten, bei denen über die Muskelkräfte hinaus mit Gewichten belastet wird.
- Alle Sportarten, die Sprints und Sprünge beinhalten – besonders schlimm auf zu hartem Boden oder mit schlecht gedämpftem Schuhwerk.

Gelenkschonende Sportarten

Generell weniger belastend für die Gelenke sind sämtliche Ausdauersportarten, aber auch hier können z. B. beim Jogging durch zu hohes Körpergewicht oder asphaltierte Laufstrecken Überlastungen entstehen, ebenso durch falsche Technik, z. B. beim Schwimmen, Golfen oder Rudern. Besonders empfehlenswert auch bei bereits beste-

Zeitweise ist Jogging als »Gelenkkiller« schon geradezu in Verruf geraten. Die gesundheitlich positiven Effekte überwiegen aber, wenn man ein paar Regeln einhält: Nur auf elastischem Untergrund laufen, gut gedämpftes Schuhwerk tragen, die Lauftechnik richtig lernen. Stark Übergewichtige sollten allerdings auf diese Sportart besser verzichten.

henden Gelenkproblemen sind Kraulschwimmen, Aquasportarten, Radfahren, Walking, Nordic Walking und Skilanglauf, außerdem alle Dehn-, Kräftigungs- und Beweglichkeitsübungen, die Ihre Muskeln stärken – denn die müssen dem Gelenk viel Arbeit abnehmen! Außerdem sollen und müssen auch durch Arthrose bereits geschädigte Gelenke unbedingt bewegt werden, sonst versteifen sie allmählich.

Was die Gelenke entlasten kann

Neben einer gezielten medizinischen Behandlung ist es besonders wichtig, das oder die geschädigten Gelenke durch Entlastung, stoßdämpfende Hilfsmittel und Aufrichtung der Körperachse zu unterstützen. Sehr leicht entwickeln sich nämlich aus einer unwillkürlich eingenommenen Schonhaltung, die Schmerzen vermeiden soll, weitere Schäden an bisher nicht betroffenen Gelenken. Orthopädische Schuhtechnik kann dabei helfen, Schmerzen zu lindern und fortschreitenden Schäden vorzubeugen. Dabei wird heute von einer ganzheitlichen Betrachtung des Bewegungsapparats ausgegangen. So werden z. B. Einlagen hergestellt, die ganz auf die Bedürfnisse des Trägers abgestimmt sind.

Aus ungewohnter Perspektive: Wassergymnastik und Aqua-Jogging sind besonders gelenkschonende Sportarten.

Sport mit Hüftgelenkprothese?

Immer häufiger brauchen auch jüngere Menschen künstlichen Ersatz für vorzeitig verschlissene Hüftgelenke. Wer eine solche Operation überstanden hat, weiß plötzlich ungeheuer viel über seine Gelenke und auch, wie wichtig nun erst recht ein moderates Bewegungstraining für ihn ist. Nur: Was für Sportarten sind geeignet?

- **Zunächst gibt ein ärztlich verordnetes Reha-Programm vor, wie man wieder in Bewegung kommt. Wichtig sind dabei Kräftigungsübungen für die Muskulatur, die man auch nach der Rehabilitation weiterführen sollte.**
- **Den Zeitpunkt, wann man ein Bewegungstraining beginnen darf, bestimmt der Arzt: frühestens ein halbes Jahr nach der Operation.**
- **Besonders gut geeignet sind Kraulschwimmen, Rückenschwimmen, Radfahren, Walking und Nordic Walking.**
- **Zu meiden sind alle Sportarten mit Sturzgefahr, heftigen Sprints und Stopps oder ausgeprägten Hüftverdrehungen, wie z. B. der Beinschlag beim Brustschwimmen oder der Ballabschlag beim Golf.**

Unauffällige Hilfsmittel

Ein renommierter Bielefelder Schuhtechniker gab uns Empfehlungen aus der Erfahrung seiner Meisterwerkstatt:

- **Einlagen** Je nach Ausführung kann eine Einlage den Fuß stützen, betten oder korrigieren. Auch wer keine Gelenkprobleme hat, kann zur Vorbeugung von gut angepassten Einlagen profitieren, ganz besonders wenn er einen Laufsport betreibt. Praktisch ist, dass sie austauschbar, also für verschiedene Schuhpaare verwendbar sind. Bei Arthrose in Sprung- oder Hüftgelenk empfehlen sich z. B. weich bettende langsohlige Einlagen mit Fersenpolster nach Maß und Abdruck.

Kleiner Unterschied mit großen Folgen: Hier ist mal nicht der »berühmte« zwischen Mann und Frau gemeint, sondern unterschiedliche Beinlängen. Das kommt viel häufiger vor, als man denkt und bleibt oft unbemerkt, bis sich Probleme an Knie- oder Hüftgelenken melden. Messen Sie einfach mal nach!

Zurichtungen vom Schuhtechniker? Brauchte Oma nicht mal so was? Bei Problemen mit dem »Gehapparat« ist der Schuhtechniker eine ganz wichtige Adresse, um Erleichterung zu finden – egal, in welchem Alter Sie sind. Warten Sie nicht unbedingt, bis der Orthopäde Sie hinschickt!

- **Schuhzurichtungen** Dabei werden Ihre normalen Schuhe speziell Ihrem Problem angepasst. Von der Sandale bis zum Stiefel lässt sich nämlich alles Mögliche verändern: Schaft, Innenfutter, Kappe, Verschluss, Sohle oder der komplette Schuhboden. Bei Arthrosen in Fuß-, Bein- oder Hüftgelenken können z. B. Ballenrollen, Pufferabsätze und/oder ein Inneneinbau als Längs- und Quergewölbestütze mit Fersenpolster infrage kommen.

In jedem Fall müssen Einlagen und Schuhzurichtungen individuell angepasst werden. Häufig empfiehlt sich auch eine vorherige Laufbandanalyse, die genaue Aufschlüsse über den gesamten Bewegungsapparat gibt.

Immer gut zu Fuß

Tagein, tagaus strapaziert, aber meist vernachlässigt – unsere Füße müssen uns Schritt für Schritt durchs Leben tragen und haben für diese enorme Aufgabe mehr Fürsorge verdient, als sie in der Regel bekommen.

Das rächt sich, denn die komplizierte Anatomie des Fußes (ein Fuß hat 28 Knochen, mehr als 30 Gelenke und über 100 Sehnen und Bänder) erleidet auf Dauer Schäden, die das Gehen zur Qual machen können und jede Freude an sportlicher Bewegung verleiden. Machen Sie einmal eine sorgfältige »Bestandsaufnahme« Ihrer Gehwerkzeuge, denn mehr Lebensqualität braucht auch gesunde Füße!

Die richtigen Schuhe

Durch schlecht passende Schuhe wird oft bereits in der Kindheit die Grundlage für spätere Probleme geschaffen. Als Erwachsener sollten Sie beim Schuhkauf neben modischen Aspekten unbedingt die exakte Passform beachten. Die Zehen müssen bequem nebeneinander

Platz haben und sich noch frei bewegen können, der große Zeh sollte nach vorn noch etwa einen Zentimeter »Luft« haben. Zu groß darf der Schuh aber auch nicht sein, sonst hat der Fuß keinen Halt und die Muskeln verkrampfen sich, weil die Zehen sich im Schuh regelrecht festklammern müssen.

Mehr ein Kult- oder Kunstgegenstand als gebrauchstüchtig ist der elegante Stöckelschuh – und so sollten Sie die »High Heels« auch einsetzen: für gelegentliche kurze Auftritte, bei denen Ihr Balanceakt die gebührende Beachtung findet. Sonst sind bald nur noch die Schuhe, nicht aber Ihre Füße schön.

»Idealschuhe« gibt es nicht

Am besten sind perfekt passende Schuhe mit mittelhohem Absatz, die den Zehen Spielraum lassen, das Fußgewölbe unterstützen und ausreichend Halt geben – aber auch die sollte man nicht ständig tragen. Der Fuß braucht Training, und das bekommt er unter anderem durch häufigen Wechsel verschiedener Schuhformen.
Laufen Sie so oft wie möglich barfuß oder mit dicken, saugfähigen Socken – aber nur auf weichem, elastischem Untergrund. Jeder Schuh hat auch Nachteile für die Gesundheit Ihrer Füße (siehe Kasten) – wenn man ihn zu häufig und zu lange trägt.

Jeder Schuh hat seine Tücken

- **Die gerade wieder hochmodischen spitzen Schuhe engen die Zehen ein und drücken das Großzehengelenk nach außen.**
- **Sandalen geben zu wenig Halt beim Gehen und verursachen auf Dauer einen Spreizfuß.**
- **Hohe Absätze bringen den Fuß in eine Fehlstellung, die zur Verkürzung der Achillessehne und zu Schäden des Vorderfußes führt.**
- **Ganz flache Schuhe überdehnen die Achillessehne.**
- **»Gesundheitslatschen« geben keinen seitlichen Halt und können zum Spreizfuß führen.**
- **Sportschuhe fördern bei dauerndem Tragen Platt- und Spreizfüße, weil sie das Fußgewölbe zu wenig unterstützen.**

Frauen tragen im Sommer offene Sandalen, lackieren ihre Zehennägel – Grund genug, die Pflege der Füße nicht ganz aus den Augen zu verlieren. Ganz trostlos sieht dieses Kapitel dagegen bei vielen Männern aus. Überzeugen Sie Ihren Liebsten, dass Schwielen, Fuß- und Nagelpilz mehr als rein kosmetische Probleme sind!

Hühneraugen & Co.

Hässliche Hühneraugen auf den Zehen, harte Schwielen, Blasen oder schmerzhafte Hornhautdorne unter der Fußsohle – in vielen Badezimmern wird mit Raspeln, hornhauterweichenden Tinkturen und Pflastern und allen möglichen scharfen und spitzen Werkzeugen ein zäher Kampf gegen diese Übel geführt. Das muss zwar sein, aber scheuen Sie sich nicht, fachkundige Hilfe bei einer ausgebildeten Fußpflegerin zu suchen! Selbst wenn Sie sich nicht zu regelmäßigen Pflegeterminen entschließen können, bekommen Sie hier Rat und eine erste »Generalüberholung« für Ihre Füße. Dauerhaft werden Sie solche Beschwerden aber nur los, wenn Sie die Ursache beheben: Fast immer sind unpassende Schuhe und/oder Fußsenkungen bzw. -fehlstellungen dafür verantwortlich.

Fußsenkungen

Fußsenkungen treten in verschiedenen Formen und Kombinationen auf. Die Ursachen sind vielfältig: falsches Schuhwerk, Über- und Fehlbelastung, das genetische Erbe, Stoffwechselerkrankungen u.a. kommen infrage.

- Knick-Senkfuß: Der Fuß knickt bei Belastung nach innen (überproniert), das Längsgewölbe senkt sich.
- Spreizfuß: Das Quergewölbe im Bereich des Ballens flacht sich ab. Die Mittelfußköpfchen senken sich, und es kann durch den Druck zur Entzündung kommen (Metatarsalgie).
- Hallux Valgus oder Ballenzeh: Das Großzehen-Grundgelenk dreht sich nach außen was oft fälschlich als Überbein bezeichnet wird. Ein Knickfuß begünstigt die Entstehung dieser schmerzhaften Deformation, von der hauptsächlich Frauen betroffen sind. Unternehmen Sie möglichst frühzeitig etwas dagegen, und suchen Sie einen guten Orthopäden auf; es gibt hier wirksame neue Therapieansätze!

Tipps vom Schuhtechniker

Fußsenkungen lassen sich durch orthopädische Hilfsmittel ausgleichen bzw. vor Verschlimmerung bewahren. So empfiehlt unser beratender Bielefelder Schuhtechniker beim Knick-Senkfuß entweder eine Schuhzurichtung mit Längsgewölbestütze oder Einlagen, die durch die Kombination mehrerer Eigenschaften besonders vorteilhaft sind.

Das Gleiche gilt für den Spreizfuß, nur dass hier das Quergewölbe besonders gestützt werden muss. Bei Erwachsenen empfiehlt sich in jedem Fall eine Unterstützung beider Fußgewölbe, da Senkungen ja oft in Kombination auftreten. Bei einer Metatarsalgie können gleichfalls Einlagen helfen oder eine Schuhzurichtung mit Weichbettung und einer so genannten Schmetterlingsrolle sowie einem Inneneinbau als Längs- und Quergewölbestütze.

Fußgymnastik entspannt und trainiert. Ein paar einfache Übungen können Sie »ganz nebenbei« jeden Tag z.B. während des Zähneputzens im Bad einschalten.

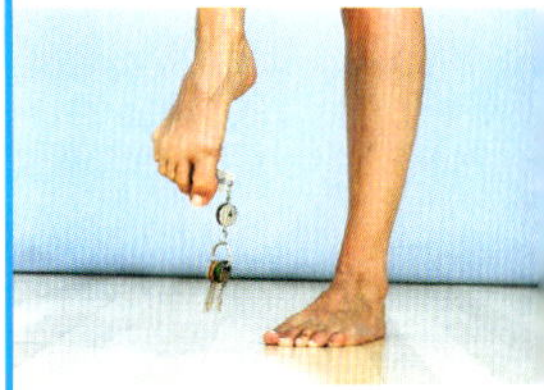

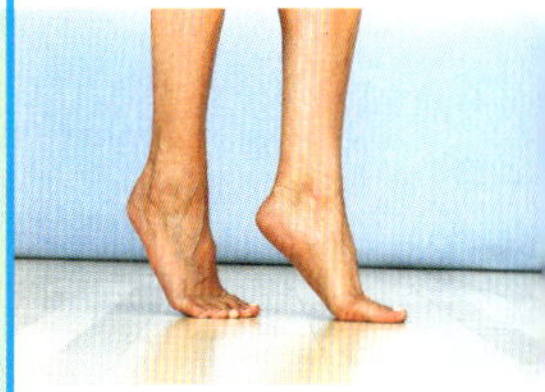

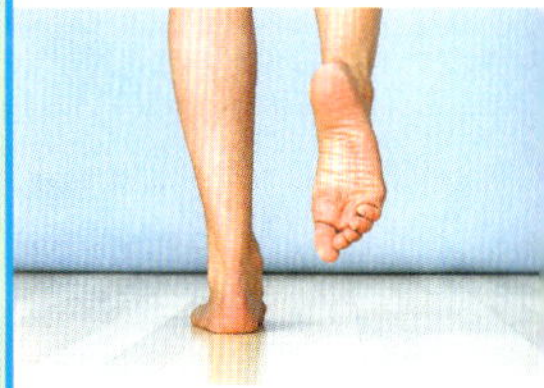

Das hält die Füße fit

- **Laufen Sie so oft wie möglich auf weichem Untergrund barfuß.**
- **Machen Sie Fußgymnastik:**

1. Versuchen Sie, mit den Zehen kleine Gegenstände vom Boden aufzuheben.

2. Laufen Sie auf weichem Untergrund abwechselnd auf den Fersen und auf den Zehenspitzen.

3. Malen Sie Bilder mit den Zehen in den Sand oder den Teppichflor.

4. Versuchen Sie, abwechselnd die Zehen zu spreizen und zu krallen.

5. Rollen Sie einen Igelball mit der Fußsohle hin und her.

- **Gönnen Sie sich öfter mal ein Fußbad: Eichenrinde und Ringelblumen helfen bei Schweißfüßen, bei überanstrengten Füßen tun Rosskastanie oder Hamamelis als Badezusätze gut. Anschließend die Füße gut abtrocknen, auch zwischen den Zehen.**

Ob Sie die Lebensjahre jenseits der 50 als Gewinn oder Verlust verbuchen, hängt nicht nur von Ihrer inneren Einstellung ab. Sie können bereits früh viel dafür tun, dass Ihre Lebensqualität im Alter nicht abnimmt und Sie aktiv und gesund bleiben.

Älter werden – in Schwung bleiben

Herbstgefühle? – Beugen Sie rechtzeitig vor!

»Alt werden ist nichts für Feiglinge«, sagte die Schauspielerin Mae West – ein doppeldeutiges Bonmot. Es verweist auf die unangenehmen Veränderungen, die der Alterungsprozess mit sich bringt, aber auch darauf, dass man ihnen mit Mut und Energie begegnen sollte.

Körperlich und geistig fit bleiben

»Anti-Aging« liegt im Trend – alt werden dagegen gar nicht. Dabei kann es doch herrlich sein, älter zu werden: Der berufliche Karrierewettlauf ist entschieden und stresst nicht mehr so, die Kinder sind groß und nun selbst für ihr Leben verantwortlich, man hat seinen Stil gefunden und kann dem uralten Wettstreit »Wer ist die/der Schönste im ganzen Land?« gelassener zusehen und – nicht zuletzt – endlich hat man viel mehr Zeit für seine Interessen.

Leider kann man diese Vorzüge oft nicht in dem Maße genießen, wie man gerne möchte: Die Wechseljahre bzw. die Andropause bringen den Hormonhaushalt durcheinander und bescheren seelische Wechselbäder. Alle möglichen Alltagsbeschwerden scheinen sich plötzlich auf Dauer einzurichten, oder es treten sogar ernste Gesundheitsprobleme auf, die große Einschränkungen mit sich bringen.

Was Sie für sich erreichen können

Ihre eigene Einstellung zum Alter spielt dabei mit, ob Sie es der Mühe wert halten, rechtzeitig gesundheitlichen Beeinträchtigungen vorzubeugen und unvermeidlichen Abbauerscheinungen Paroli zu bieten. Noch nie gab es so viele Erkenntnisse darüber, wie der körperliche Alterungsprozess verläuft und auf welche Weise man ihn positiv beeinflussen kann.

Nur – diese Erkenntnisse praktisch umsetzen müssen Sie schon selbst! Wer sich allerdings an die Wunschvorstellung ewiger Jugend klammert und nicht akzeptieren kann, dass mit dem Alter zwar keine zwangsläufig schlechtere, aber eindeutig andere Lebensphase beginnt, hat schwierige Voraussetzungen. Erschöpfen Sie sich nicht im sinnlosen Versuch, stets mit Jüngeren in jeder Hinsicht Schritt zu halten! Der ewige Vergleich macht Sie nur unglücklich und krank und wird Sie davon abhalten, rechtzeitig die Weichen für ein erfülltes und zufriedenes Alter zu stellen. Besinnen Sie sich lieber auf Ihre neuen Stärken und nutzen Sie die Vorteile des neuen Lebensabschnitts.

Das Alter beginnt in der Zelle

Bei der Suche nach einer Antwort auf die Frage »Warum altert der Mensch« stößt man immer wieder auf die irritierende Tatsache, dass der menschliche Alterungsprozess sehr unterschiedlich verläuft: Der eine wirkt mit 50 Jahren noch wie ein 30-Jähriger, während ein anderer bereits mit 60 körperlich vergreist.
Der primäre Grund für diese individuellen Unterschiede liegt sehr wahrscheinlich in unseren Genen, die entscheidenden Einfluss auf die Lebensdauer unserer Zellen haben.

Die biologische Uhr

In jedem Zellkern ist in den Chromosomen der komplette Bauplan unseres Körpers aufgezeichnet. Mit der Entdeckung der Telomere, die sich wie eine Rolle von Münzen an den Endabschnitten dieser Chromosomen befinden, haben Wissenschaftler den wesentlichen Faktor für die Teilungs- und Erneuerungsfähigkeit der Zelle ausfindig gemacht.
Jeder Mensch wird genetisch mit einer unterschiedlichen Anzahl der kleinen scheibchenförmigen Telomere geboren. Bei jeder Zellerneuerung wird ein Scheibchen verbraucht, bis die »Münzrolle« ausgegeben ist – dann stirbt die Zelle. Der Abbau der Telomere wird von einem Enzym, der so genannten Telomerase, gesteuert. Es war ein nahe liegender Versuch, nun doch den alten Menschheitstraum vom

Zellen sind die Bausteine unseres Lebens – etwa 70 Billionen dieser winzigen Grundelemente bilden unseren Organismus. Dabei ist unser Körper eine »Dauerbaustelle«: 600 Milliarden Zellen sterben täglich und werden durch neue ersetzt, alle fünf Tage baut sich eine neue Darmschleimhaut auf, jeden Monat die Haut, alle paar Monate unser Skelett.

Maßvoll und bedachtsam mit dem eigenen Körper umgehen – das klingt in jungen Jahren nicht sehr aufregend. Darin liegt aber das Geheimnis eines langen und gesunden Lebens, denn nur schonender Umgang mit unseren biologischen Ressourcen verringert den Verschleiß der Zellen und ihre Erneuerungsrate.

Jungbrunnen zu verwirklichen und durch Blockade dieses Enzyms die biologische Uhr zu stoppen, indem keine Telomere mehr verbraucht werden. Es stellte sich aber leider heraus, dass die blockierten Zellen zu Krebszellen entarteten – nur diese können sich unter solchen Bedingungen unendlich lange teilen.

Ressourcen ökonomischer einsetzen

Dennoch haben wir durchaus Einfluss darauf, wie rasch die genetisch vorgegebene Anzahl unserer Telomere sinkt: Je mehr wir zellschädigende Einflüsse meiden bzw. aktiv etwas für die Gesundheit unserer Zellen tun, desto weniger häufig müssen Zellteilungen zur Erneuerung stattfinden. Wir »sparen« also Telomere und verlängern so unsere Lebenszeit.

Aber nicht nur das: Nach wissenschaftlichen Erkenntnissen verlieren Zellen bei jeder Erneuerung etwas von ihren ursprünglichen Qualitäten – sie werden schwächer in ihren Funktionen und weniger widerstandsfähig. Um den Alterungsprozess zu bremsen und möglichst leistungsfähig zu bleiben, ist also oberstes Ziel, die Zellen gesund zu erhalten und so ihre Erneuerungsrate zu senken.

Die Rolle der Hormone

In jungen Jahren werden unsere Körperfunktionen in perfekter Harmonie aufeinander abgestimmt. Die Hormone spielen als Botenstoffe dabei eine zentrale Rolle, denn sie vermitteln die Informationen aus allen Körperregionen an die Gene jeder Zelle.

Dort sind in der DNS (Desoxyribonukleinsäure) alle Informationen, Befehle, Funktionen und Baupläne der Körperstruktur gespeichert – eine Menge von Daten, die 1000 dicke Bücher mit jeweils 700 Seiten füllen würden.

Hormone verjüngen oder lassen altern

Der Körper produziert in den endokrinen Drüsen und im Gehirn eine Fülle von Hormonen, die alle wichtigen Organfunktionen regulieren. Eine besondere Rolle im Alterungsprozess spielen dabei folgende Hormone:

Wachstumshormon	**fördert Fettabbau und Muskelwachstum, stärkt die Knochen, glättet die Haut, senkt den Blutdruck, stabilisiert das Immunsystem**
Melatonin	**hilft gegen Schlafstörungen, schützt vor freien Radikalen und stärkt das Immunsystem**
DHEA	**wirkt gegen Stress und Übergewicht, kann das Immunsystem stärken (ist in seiner Wirkung noch nicht vollkommen erforscht)**
Testosteron	**männliches Sexualhormon: steuert Bartwuchs, regelt den Sexualtrieb, steigert das Leistungsvermögen, insbesondere den Muskelaufbau**
Östrogene	**weibliche Sexualhormone: steuern den Menstruationszyklus, sind vor allem in den Wechseljahren wichtig, um mögliche Beschwerden zu vermindern; bei Männern wichtig für Fruchtbarkeit und Knochenaufbau**

Ein stetiger Abbau

Der Höhepunkt unserer Hormonproduktion ist zwar bereits mit 30 Jahren überschritten, so richtig spürbar wird dies aber meist erst mit dem rapiden Rückgang der Sexualhormone. Der jähe Abfall der Östrogene löst bei Frauen die Wechseljahre mit ihren oft zahlreichen Beschwerden aus (siehe Seite 112ff.), während bei Männern das Testosteron zwar nicht so abrupt, dafür aber stetig »in den Keller«

Die Hormone regulieren nicht nur die Sexualfunktionen, sondern spielen für alle Organe und Lebensfunktionen eine wichtige Rolle als Botenstoffe. Bei Hormondefiziten kann der »Informationsaustausch« zwischen den Zellen gestört sein: Sie gehen verstärkt zugrunde, und neu gebildete Zellen sind häufiger »Fehlkonstruktionen«, die eventuell entarten können.

Ein nach wie vor umstrittenes Feld ist die künstliche Zufuhr zusätzlicher Hormone, um den Alterungsprozess aufzuhalten. Seriöse Anti-Aging-Institute empfehlen immer eine Mehrfachstrategie, die sorgfältige Voruntersuchungen, Ernährungsoptimierung und Bewegungsprogramme mit einschließt.

geht. Früher ein Tabu oder nur ein Thema für Stammtischwitze, haben die »Wechseljahre« des Mannes längst einen offiziellen Namen, die Andropause. Was allerdings nichts daran ändert, dass Mann sich dem Thema Hormondefizit nur sehr diskret nähert, denn: Testosteron steht für Männlichkeit schlechthin! Dabei ist das Hormon für weitaus mehr zuständig als für Potenz und Libido. Ein Mangel macht körperlich schlapp, unkonzentriert, kann verantwortlich für Stimmungsschwankungen und trockene, gereizte Haut sein.

Ersatztherapie – ja oder nein?

Mit der Hormonersatztherapie für Frauen schien einmal so etwas wie der »Stein der Weisen« gefunden zu sein, um Wechseljahrebeschwerden zu vermeiden und den Alterungsprozess auszubremsen. Dann wieder wurde sie verteufelt als Krebs auslösend und mit hohen Risiken behaftet. Heute kristallisiert sich immer mehr heraus, dass eine Hormonersatztherapie für einzelne Frauen durchaus sinnvoll und risikoarm sein kann – aber eben nur für wenige (mehr dazu ab Seite 113). Für Männer dagegen kommt Hormonersatz gerade so richtig in Mode. Andrologen und Anti-Aging-Institute haben regen Zulauf, um doch bitte mit Spritzen, Salben und Pillen zu retten, was noch zu retten ist. Für beide Geschlechter gilt: Hormonersatz kommt nur infrage nach medizinischer Untersuchung und Beratung – und dafür sind Endokrinologen, Labormediziner bzw. spezialisierte Anti-Aging-Institute zuständig.

Und was ist mit all den raffinierten Hormonpräparaten, die Sie im Urlaub in den USA im »Health Shop« entdeckt haben? Von denen sollten Sie unbedingt die Finger lassen, denn außer sinnlosen Kosten können Sie sich die unangenehmsten Nebenwirkungen einhandeln – sowohl durch Verunreinigungen der Präparate als auch durch die unkontrollierte Einnahme hochwirksamer Substanzen.

Verteilung einiger wichtiger Hormone über die Lebenszeit

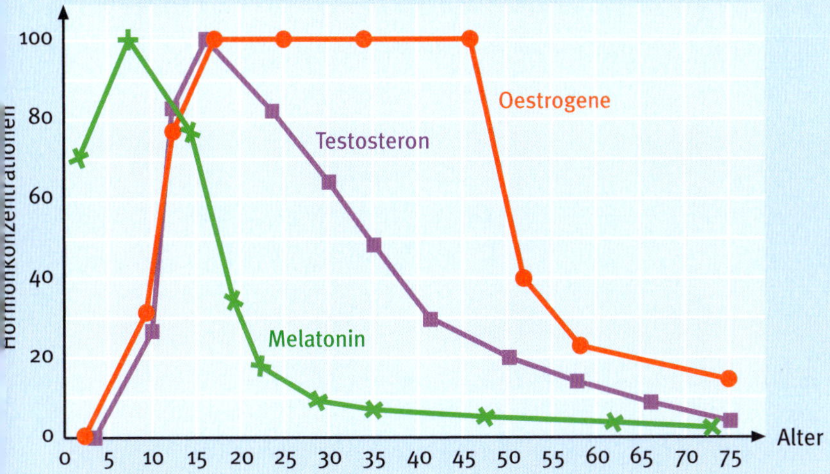

Der Rückgang der Hormonproduktion mit wachsendem Lebensalter verläuft in sehr unterschiedlichen Kurven, wie die Grafik am Beispiel einiger wichtiger Hormone zeigt.

Die Hormonproduktion ankurbeln

Es gibt reichlich Möglichkeiten, die körpereigene Hormonproduktion auf natürliche Weise zu stimulieren. Zum einen funktioniert das durch Zufuhr von wichtigen Nährstoffen und einen gesunden Lebensstil, zum anderen durch die Vermeidung von zellschädigenden Risiken.

- Achten Sie auf eine ausreichende Versorgung mit Mikronährstoffen (siehe Seite 170ff.)
- Bauen Sie mehr »hormongünstige« Nahrungsmittel in Ihren Speiseplan ein (siehe umseitigen Kasten)
- Gehen Sie öfter mal »mit den Hühnern« zu Bett: Die wichtigsten Hormone produziert unser Körper während der Nachtruhe.
- Vermeiden Sie oxidativen Stress durch die »Zellkiller« freie Radikale. Wie Sie vorbeugen können, erfahren Sie auf Seite 117.

Unsere innere Uhr folgt einem Hell-Dunkel-Rhythmus und signalisiert nach Einbruch der Dämmerung: »Schlafen gehen, der Organismus muss sich nun regenerieren«. Wer dieses Signal ständig missachtet, bringt den Hormonhaushalt durcheinander.

Lebensmittel für mehr Hormonpower

- Austern
- Ginseng
- Hafer
- Hopfen
- Hummer
- Kürbiskerne
- Salbei
- Shiitakepilze
- Sojaprodukte
- Weizenkeime

Schluss mit der Jammerei! Erwiesenermaßen leiden Frauen weniger unter Wechseljahrebeschwerden, die in dieser Zeit aktiv werden, sich mehr beruflich oder privat engagieren und gezielt Geist und Körper in Bewegung halten.

Die Wechseljahre als Herausforderung annehmen

Hitzewallungen, Stimmungstiefs, eine zunehmend formlose Figur, womöglich auch noch Osteoporose und andere ernste Erkankungen – das sind nur einige der Schreckgespenster, die viele Frauen mit den Wechseljahren auf sich zukommen sehen. Zwar machen auch Männer jenseits der 45 eine Zeit der körperlichen und seelischen Veränderungen durch, aber die Natur lässt ihnen mehr Zeit, sich allmählich auf einen neuen Lebensabschnitt einzustellen. Der Produktionsrückgang weiblicher Sexualhormone erfolgt vergleichsweise rapide – aber das bedeutet keineswegs, dass Sie sich in eine entsagungsvolle Matrone oder ein krisengeschütteltes Seelchen verwandeln müssen! Schauen Sie sich um und Sie werden jede Menge selbstbewusster, aktiver und attraktiver Frauen jenseits der »magischen Grenze« entdecken. Wechseljahre sind keine Krankheit, sondern ein kleiner Neubeginn, ein Anlass, aktiv eine neue, erfüllte Lebensphase einzuleiten. Ihr Körper braucht Zeit für die hormonelle Umstellung, und Sie können ihm dabei helfen, indem Sie nicht passiv dulden, sondern die zahlreichen Mittel nutzen, Unpässlichkeiten zu lindern.

Hormonersatz – mit Vorsicht zu genießen

Synthetische Hormonpräparate – meist eine Mischung von Östrogenen und Gestagen – können Hitzewallungen lindern, die Knochenneubildung fördern und damit Osteoporose entgegenwirken sowie typische Östrogenmangelbeschwerden wie Blasenschwäche oder Scheidentrockenheit vermeiden helfen.

Eines können sie aber nicht: das Alter aufhalten, denn sobald man sie absetzt, ist ihre Wirkung dahin. Sehr häufig lösen sie Unverträglichkeitserscheinungen aus, und es gibt zahlreiche Kontraindikationen: Störungen des Fettstoffwechsels, ein familiär erhöhtes Risiko für Brust-, Eierstock- oder Gebärmutterkrebs, Thromboseneigung, Leberschäden, ein erlittener Schlaganfall sind nur einige der Gesundheitsprobleme, die eine Hormonersatztherapie ausschließen. In Anbetracht der Risiken werden Östrogene kaum noch als Langzeittherapie verschrieben. Für einige wenige Frauen können sie dennoch sinnvoll sein, z. B. nach einer Entfernung der Eierstöcke in jüngeren Jahren oder bei extrem früh eintretender Menopause. In jedem Fall dürfen sie nur vom Arzt nach gründlicher Untersuchung und Abklärung der Risiken verschrieben werden.

Phytoöstrogene sind übrigens nicht »reine Frauensache«. Wie auch die in Kürbiskernen enthaltenen Wirkstoffe hemmt das Phytoöstrogen Genistein ein Enzym, das für übermäßiges Wachstum der Prostata verantwortlich ist.

Phytoöstrogene – die Alternative

Japanerinnen leiden kaum unter Wechseljahrebeschwerden – sie profitieren höchstwahrscheinlich von der Wirkung pflanzlicher östrogenähnlicher Substanzen, die reichlich in Sojabohnen enthalten sind. Diese Phytoöstrogene haben eine ähnliche Struktur wie die Östrogene und können deren Schutz- und Regulierungsfunktionen übernehmen. Der kleine Unterschied ihres Bauplans bewirkt darüber hinaus, dass sie sogar vor Krebs schützen, der durch »normales« Östrogen ausgelöst werden kann. Inzwischen wurde in zahlreichen Studien ihre Wirksamkeit bei Wechseljahrebeschwerden belegt.

Hormonaktive Pflanzen

- Angelikawurzel
- Erdnüsse
- Ginseng
- Grüner Tee
- Hanf
- Kamille
- Leinsamen
- Mariendistel
- Roggen
- Rotklee
- Rotwein
- Sarsaparilla
- Sojaprodukte
- Süßholz
- Traubensilberkerze
- Weinblätter
- Weiße Maulbeere
- Wilder Yam

Phytoöstrogene gehören chemisch häufig zu den Flavonoiden. Eine weitere Gruppe umfasst die Lignane, die z.B. in Roggen und Leinsamen reichlich enthalten sind. Roggenbrot und regelmäßig Leinsamenschrot fürs Müsli sind also eine prima Ergänzung zu Sojaprodukten.

Die Wirkung von Phytoöstrogenen

Nach vielen Erfahrungsberichten helfen Phytoöstrogene gegen die vielen lästigen Wechseljahrebeschwerden wie Hitzewallungen, Herzklopfen, Schwindelgefühle, Gereiztheit und ängstliche oder niedergeschlagene Stimmung. Außerdem zeigen sie vorbeugende Wirkung gegen Arteriosklerose, Herzinfarkt und Osteoporose, wirken als Radikalefänger und stärken das Immunsystem. Zahlreiche Studien belegen, dass Phytoöstrogene das schädliche LDL-Cholesterin senken können, also eine nachgewiesene Schutzwirkung für das Herz-Kreislauf-System besitzen.

Welche Menge ist wirksam?

In Asien gehören Sojaprodukte zu den Grundnahrungsmitteln, von denen man ca. 300 bis 400 Gramm täglich verzehrt. Diese Menge enthält ungefähr 30 bis 40 Milligramm der wertvollen Phytoöstrogene in Form von Isoflavonen.

Diese Menge kann man in Form von drei Sojakapseln täglich (aus dem Reformhaus) zu sich nehmen. Aber Phytoöstrogene sind auch in einer großen Palette von Nahrungsmitteln enthalten, aus denen Sie die köstlichsten Mahlzeiten zaubern können. Mit Leinsamen zum

Frühstücksmüsli, einem Sojadrink für zwischendurch, Roggenbrot mit Tofupastete oder Sojabratlingen zum Mittagsimbiss, einer Hand voll Erdnüssen am Nachmittag und einem großen Salatteller mit marinierten Tofustreifen am Abend haben Sie reichlich Phytoöstrogene »getankt«. Um den Genuss zu vollenden, können Sie das Ganze noch mit einem guten Glas Rotwein abrunden, der ebenfalls die wertvollen Pflanzenstoffe enthält.

Die Form bewahren

Sie fühlen sich schlapp und kraftlos, die Haut wird trocken und knittrig, die Stimmung ist im Keller, und jede Mahlzeit scheint sich neuerdings direkt auf Ihren Hüften anzusiedeln? Wehren Sie sich mit einer Kombinationsstrategie:

- Hoch von der Polstergarnitur und Schwung nehmen für ein gezieltes Bewegungstraining! Sie werden wieder fit, und die Haut blüht durch die vermehrte Sauerstoffzufuhr auf. Leichte Kräftigungsübungen beugen außerdem dem Muskel- und Knochenschwund vor.
- Qualität statt Quantität heißt jetzt die Devise für Ihre Mahlzeiten. Essen Sie reichlich frisches Obst und Gemüse, schieben Sie die Kalziumzufuhr mit hochwertigen Milch- und Sauermilchprodukten an, knabbern Sie Nüsse, ungeschwefeltes Trockenobst und Vollkornbackwaren. Zwingen Sie sich aber nicht zu einer Diät, die Ihnen gar nicht schmeckt und nicht Ihrem Typ entspricht – es gibt viele Wege, sich gesund zu ernähren (siehe Seite 162ff.).
- Achten Sie darauf, mit allen wichtigen Mikronährstoffen ausreichend versorgt zu sein – viele Beschwerden lassen sich auf Mängel einzelner Vitamine, Mineralstoffe oder Spurenelemente zurückführen. Tipps für sinnvolle Ergänzungen gibt's ab Seite 177.
- Lernen Sie, wie Sie sich auch bei hormonellen »Achterbahnfahrten« entspannen und ihr Gleichgewicht finden (siehe Seite 188ff.) .

Schlafstörungen gehören zu den typischen Wechseljahresbeschwerden. Bevor Sie zur Tablette greifen: Probieren Sie es mit den Kräften der Natur! Passionsblume, Hopfen, Melisse und Baldrian fördern als Tee, Tonikum, Kapsel oder Badezusatz den Schlaf.

Sojamilch oder -sprossen sind nur zwei der vielen Nahrungsmittel, die Phytoöstrogene liefern.

Lebensfreude und Genussfähigkeit sind nicht an das Lebensalter gebunden – wohl aber an Gesundheit, körperliche und geistige Beweglichkeit.

»Von allen Überraschungen, die den Menschen erwarten, ist das Alter die unerwartetste«, lautet ein kluger Ausspruch, denn selbst wenn man in jungen Jahren an sein Alter denkt – vorstellen kann man es sich nicht so richtig. Dennoch – sorgen Sie vor, denn mit Sicherheit wollen Sie auch noch mit grauen Haaren das Leben genießen!

Die Weichen stellen für ein gesundes Alter

Kennen Sie den Ausspruch: »Wenn Sie über 50 sind und Ihnen beim Aufwachen morgens gar nichts weh tut, dann wissen Sie, dass Sie gestorben sind.« Was für Aussichten! Aber so muss es nun wirklich nicht kommen. Ein wichtiger Grund für die vermehrte Krankheitsanfälligkeit in höherem Lebensalter ist das nun schwächere Immunsystem – die Körperabwehr ist einfach nicht mehr so treffsicher und effektiv bei der Erkennung und Vernichtung von potenziellen Krankheitserregern bzw. entarteten Zellen. Die beste Vorbeugung gegen Abbauerscheinungen und alterstypische Erkrankungen besteht daher darin, dass Immunsystem zu stärken und den Einfluss schädlicher freier Radikale zu mindern.

Was sind freie Radikale?

Eigentlich sind die berüchtigten freien Radikale eine Art nützlicher Schutztruppe, die von der Zelle produziert werden, um Bakterien und Krankheitserreger unschädlich zu machen. Übersteigt ihre Anzahl aber einen kritischen Wert, so wenden sie sich gegen körpereigene Zellstrukturen und können sogar die Erbsubstanz schädigen. Die aggressiven Sauerstoffmoleküle entstehen durch die Abspaltung eines Elektrons von einem Molekül (siehe Grafik Seite 118). Viele äußere und innere Faktoren können diesen Prozess auslösen und zu vermehrter Bildung freier Radikale führen:

- Alterungsvorgänge
- Stress; starke körperliche, geistige oder seelische Belastung
- Entzündungen, Infektionen, Immunkrankheiten
- Ozon oder UV-Strahlung, z. B. durch übertriebenes Sonnenbaden
- Elektrosmog, Zigarettenrauch oder Nahrungsmittelzusätze

Durch ein neues Messverfahren aus den USA, der Orac-Methode (Oxygen Radical absorbance Capacity) lässt sich neuerdings die Fähigkeit verschiedener Nahrungsmittel, als Radikalefänger zu wirken, in Zahlen ausdrücken. Die höchsten Werte erzielten dabei ungeschwefelte Trockenfrüchte, Grünkohl und Spinat.

Wirksame Radikalefänger

Die zerstörerische Wirkung freier Radikale kann durch so genannte Antioxidanzien unschädlich gemacht werden. Achten Sie stets darauf, sich diese Mikronährstoffe über die Ernährung bzw. durch Ergänzungspräparate ausreichend zuzuführen (siehe Seite 172ff.). Die wichtigsten Radikalefänger und ihre antioxidative Wirkung:

- **Vitamin A: verringert das Krebsrisiko, erhöht die Abwehrkraft**
- **Vitamin C: stärkt die Abwehr gegen Infektionen**
- **Vitamin E: verbessert die Sauerstoffversorgung in den Zellen; hat immunstabilisierende Wirkung bei Herz-, Gefäß- und Muskelerkrankungen**
- **Selen: schützt die Zellfunktionen, wirkt immunstabilisierend**
- **Beta-Carotin: wird im Körper in Vitamin A umgewandelt und erfüllt dann dessen Schutzfunktionen (s.o.)**

Freie Radikale leisten einen höchst unwillkommenen Beitrag zum Alterungsprozess. Die Grafik zeigt, wie Antioxidanzien die aggressiven Moleküle unschädlich machen.

Antioxidanzien und freie Radikale

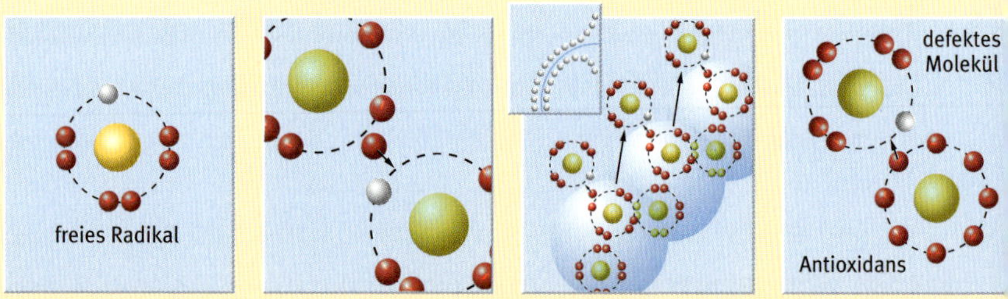

Durch endogene und exogene Ursachen werden dem Molekül einzelne Elektronen entrissen und es wird damit zu einem hochreaktiven, aggressiven freien Radikal.

Das freie Radikal versucht nun seinerseits anderen Molekülen Elektronen zu entreißen, um die Lücke wieder zu schließen. Es kommt zu einer Kettenreaktion.

Durch die Vielzahl der Reaktionen können Zellen so beschädigt werden, dass sich ihre Struktur verändert.

Antioxidantien sind in der Lage Elektronen abzugeben, ohne selbst zu aggressiven Molekülen zu werden. So können sie freie Radikale unschädlich machen.

Neben der reichlichen Zufuhr von Antioxidanzien können Sie auch durch Ihren Lebensstil den Einfluss freier Radikale mindern: Setzen Sie sich nur gut geschützt der Sonne aus, vermeiden Sie körperliche Anstrengungen an Tagen mit erhöhten Ozonwerten, schützen Sie sich vor Tabakqualm!

Schreckgespenst Krebserkrankung

Ein Wundermittel zur Verhütung von Krebserkrankungen gibt es leider nicht, zu viele Faktoren, wie z. B. auch eine erbliche Vorbelastung, spielen bei der Krankheitsentstehung eine Rolle. Das generell höhere Krebsrisiko jenseits der 60 steht aber in deutlichem Zusammenhang mit dem zellschädigenden Einfluss freier Radikale; nach Meinung einiger Forscher werden sogar drei Viertel aller Krebserkrankungen von den aggressiven Radikalen ausgelöst.

An diesem Punkt sollte vor allem eine wirksame Vorbeugung ansetzen: Mit der Stärkung der Zellen und des Immunsystems durch die reichliche Zufuhr antioxidativ wirksamer Mikronährstoffe und die bewusste Vermeidung zellschädigender Einflüsse senken Sie deutlich das Risiko einer Tumorerkrankung. Ausreichend körperliche Bewegung, Stressabbau und eine ausgewogene Ernährung tragen ebenfalls dazu bei.

Aktiv gegen Darmkrebs

Besonders deutlich ist der Zusammenhang zwischen Lebensstil und Ernährung und der Entstehung von Darmkrebs. Über 50 000 Menschen erkranken jährlich in Deutschland daran – und zwar meist in höherem Lebensalter. Risikofaktoren sind eine zu kalorienreiche Kost und daraus folgendes Übergewicht, ein zu hoher Konsum an gesättigten tierischen Fetten, rotem Fleisch und Alkohol. Schalten Sie rechtzeitig um: Drosseln Sie den Fleisch- und Wurstverzehr, und bevorzugen Sie schonend gegarten Fisch oder Geflügel gegenüber Rinderbraten oder Steak. Schwelgen Sie in Gemüse, Hülsenfrüchten und frischem Obst. Bereiten Sie Ihre Mahlzeiten mit hochwertigen pflanzlichen Ölen wie Oliven- oder Rapsöl zu, die die vor Krebs schützenden einfach ungesättigten Fettsäuren enthalten. Träge Verdauung und häufige Verstopfung begünstigen ebenfalls die Entstehung von Darmkrebs. Regelmäßige moderate Bewegung hält den Darm in Schwung und sorgt dafür, dass Schadstoffe nicht zu lange im Verdauungssystem verweilen. Reichlich Ballaststoffe aus der Nahrung binden Krebs erregende Stoffe im Darm und fördern die rasche Ausscheidung.

Milchsäurebakterien und -Konzentrate (Darmflora Plus, Molkur) bauen die Darmflora wieder auf (z. B. nach Einnahme von Antibiotika). Günstig zur Vorbeugung ist auch ab und zu eine gründliche Darmentschlackung. Wie neugeboren fühlen Sie sich nach einer (richtig durchgeführten!) Fastenwoche.

Das tut dem Darm gut

- **Gemüse mit zellschützenden Pflanzenstoffen, z. B. Brokkoli, Rosenkohl, Tomaten und Zwiebeln**
- **Vollkornprodukte**
- **Milchsaures, z. B. Joghurt, Kefir und Sauerkraut**
- **Leinsamen, Weizenkleie**
- **Hülsenfrüchte und Sojaprodukte**
- **Obst- und Gemüsesäfte, grüner Tee**
- **Hochwertige Pflanzenfette, z. B. ungehärtete Margarine, Keim-, Lein- und Sonnenblumenöl**

Sie mögen es gern würzig? Dann schwelgen Sie in Zwiebeln, Knoblauch und Bärlauch, denn sie enthalten Stoffe, die die Fließeigenschaften des Blutes verbessern und so Gefäßablagerungen vorbeugen. Wen der Geruch stört: Es gibt auch Knoblauchpräparate (z. B. im Reformhaus), die Sie nicht zum Einsiedler machen...

Herz-Kreislauf-Erkrankungen vorbeugen

Bluthochdruck, Arteriosklerose, erhöhte Cholesterinwerte – diese Begriffe fallen immer häufiger im Gespräch, sobald man selbst und der Freundeskreis »in die Jahre« kommen. Tun Sie etwas dafür, dass es möglichst nur bei theoretischen Erwägungen bleibt! Heute weiß man, dass auch bei Herz-Kreislauf-Erkrankungen genetische Faktoren eine gravierende Rolle spielen, dennoch: Körperlich trainierte, normalgewichtige, ernährungsbewusste und seelisch ausgeglichene Menschen sind erheblich seltener von diesen Beschwerden betroffen. Damit haben Sie auch schon das Rezept für eine sinnvolle Vorbeugung: Ein angemessenes Ausdauertraining ist ebenso wichtig wie geistig-seelische Entspannung für die Gesundheit der Gefäße. Eine gesunde und vollwertige Ernährung sorgt dafür, dass der Stoffwechsel nicht entgleist und Ihr Körpergewicht im Lot bleibt – womit wichtige Risikofaktoren ausgeschaltet sind.

Ernährungstipps für gesunde Gefäße

- Das hält den Blutdruck niedrig: Sparen Sie mit Kochsalz, und würzen Sie mehr mit frischen Kräutern und Gewürzen. In vielen Fertigprodukten ist viel zu viel Salz, bevorzugen Sie als »natriumarm« gekennzeichnete Lebensmittel beim Einkauf! Achten Sie auf reichliche Kaliumzufuhr; besonders reich an Kalium sind z. B. getrocknete Aprikosen, Pflaumen und Bananen, aber auch Nüsse und Hülsenfrüchte. Nach neueren Erkenntnissen hilft auch eine erhöhte Magnesiumzufuhr, den Blutdruck zu senken.
- Das hält den Fettstoffwechsel fit: Halten Sie den Fettverbrauch in Grenzen, und bevorzugen Sie pflanzliche Fette (kaltgepresste Öle), die reich an einfach ungesättigten und mehrfach ungesättigten Fettsäuren sind. Achten Sie besonders auf versteckte Fette, z. B. in Gebäck, Wurstwaren und Käse. Übertreiben Sie nicht mit Süßigkeiten –

Zucker führt vermutlich über den steigenden Insulinspiegel zu erhöhter Cholesterinproduktion in der Leber. Trinken Sie reichlich Obst- und Gemüsesäfte, Mineralwasser und Kräutertee. Essen Sie wenig Fleisch und Wurstwaren, dafür aber viel Eiweiß aus fettarmen Milch- und Sojaprodukten, Fisch und Geflügel. Sorgen Sie mit viel Obst, Gemüse und Vollkornprodukten für reichlich Ballaststoffe und eine reibungslos funktionierende Verdauung.

Diabetes trübt die Lebensfreude

Diabetes Typ 2 wurde früher auch Altersdiabetes genannt und ist meist die Folge von jahrzehntelangem zu reichlichem, zu fettem und zu süßem Essen, Übergewicht und Bewegungsmangel. Also wirklich vermeidbar, wenn Sie rechtzeitig die Ratschläge dieses Buches für ein regelmäßiges Bewegungstraining und gesunde Ernährung befolgen! Denn Tortenschlachten und träges Faulenzen auf dem Sofa können ja wohl kaum Lebensqualität bedeuten, wenn man dies später mit strenger Diät oder den gravierenden Diabetes-Folgeerkrankungen büßen muss. Vorbeugungsmaßnahmen Nr. 1 und 2 sind also: Körperlich mit viel Bewegung fit werden und Übergewicht konsequent abbauen. Nr. 3: Den Verzehr von Zucker und Weißmehlprodukten in Grenzen halten, Vollkorn, Kartoffeln, Obst, Gemüse und Hülsenfrüchte dagegen täglich auf den Tisch bringen!

Mit täglichen vier Esslöffeln Weizenkeimen zum Müsli, Obstsalat oder Quarkspeise haben Sie schon einiges für Ihre Gesundheit getan. Neben reichlich B-Vitaminen enthalten sie alpha-Liponsäure, die sich in der Therapie von diabetischen Neuropathien bewährt hat. Weitere wertvolle Bestandteile: der Radikalefänger Selen und mehrfach ungesättigte Linolensäure.

Biostoffe für den Fettstoffwechsel

- Chrom
- Zink
- Magnesium
- Vitamin A
- Vitamin C
- Vitamin E
- Flavonoide (z. B. aus grünem Tee)
- Omega-3-Fettsäuren (z. B. aus Fisch, Algen, Leinöl)
- Isoflavonoide (z. B. aus Soja)

Rheuma macht unbeweglich

Rheumatische Beschwerden treten in vielen Formen auf, meist sind aber schmerzhafte Schäden an einem oder mehreren Gelenken damit gemeint, die zu völliger Versteifung der betroffenen Regionen führen können. Tipps zur Vorbeugung und Linderung von Gelenkarthrosen, die durch Verschleiß von Knorpel entstehen, finden Sie auf Seite 96ff. Die entzündliche Form des Gelenkrheumas geht meist auf Fehlsteuerungen des Immunsystems zurück: Die Körperabwehr richtet sich gegen das eigene Gewebe, löst Entzündungen aus, die mit der Zeit Knorpel und Knochen zerstören.

Vorbeugend ist hier vor allem die Stärkung der Immunabwehr und der Zellgesundheit. Dazu trägt insbesondere die reichliche Versorgung mit Radikalefängern bei (siehe Seite 117). Ebenfalls immunstärkend ist ein individuell angepasstes Bewegungstraining, dass Überlastungen und das »Open-Window-Syndrom« vermeidet. Die in den Ernährungskapiteln (Seite 126) genannten Grundregeln gelten natürlich auch als vorbeugend für rheumatische Erkrankungen. Besonders meiden sollte man Nahrungsmittel, die Arachidonsäure enthalten. Diese Fettsäure begünstigt nicht nur Entzündungen, sondern soll auch bei der Entstehung von Arteriosklerose und Bandscheibenbeschwerden eine ungünstige Rolle spielen.

Entzündungshemmend wirken im Gegensatz zur Arachidonsäure die wertvollen Omega-3-Fettsäuren. Besonders reichlich kommen diese Fettsäuren in Seefischen wie z. B. Tunfisch, Lachs und Hering vor. Schwelgen Sie also häufig in Fischgerichten – oder nehmen Sie als Nahrungsergänzung Fischölkapseln ein.

Arachidonsäure fördert Entzündungen

Folgende Lebensmittel enthalten besonders viel von der entzündungsfördernden Arachidonsäure und sollten nur in kleinen Mengen verzehrt werden:

- Fette Käsesorten wie Camembert, Tilsiter oder Emmentaler
- Eigelb
- Innereien, insbesondere Schweine-, Rinder- und Hühnerleber
- Schweineschmalz

Fit im Kopf

Haben Sie auch beim dritten Treffen mit Herrn XY wieder dessen Namen vergessen? Fehlen nach dem Einkauf alle möglichen Dinge, die Sie doch unbedingt besorgen wollten? Und was war es noch Interessantes, was Sie erzählen wollten, aber leider momentan nicht mehr parat haben? Bevor Sie jetzt mit dem »unvermeidlich« nachlassenden Gedächtnis im Alter kokettieren oder trübe Gedanken in Richtung Alzheimer oder beginnende Demenz schweifen lassen: Was tun Sie denn so alles, um geistig auf der Höhe zu bleiben? Die Gehirnzellen brauchen wie alle anderen Körperzellen Nahrung und Training, um gesund und leistungsfähig zu bleiben – egal, in welchem Lebensalter.

Sich gehen lassen kann man in körperlicher und geistiger Hinsicht. Ebenso wenig, wie Sie zwangsläufig immer dicker werden müssen, ist es auch nicht einfach Schicksal, mit den Jahren geistig abzubauen. Außerdem tragen Sie Verantwortung: In einer Gesellschaft, die immer mehr aus Älteren besteht, brauchen wir kluge und geistig rege Senioren!

Geistige Nahrung reicht nicht

Wie segensreich sich körperliche Bewegung auch auf die Konzentration und geistige Leistungsfähigkeit auswirkt, haben Sie bereits auf Seite 38f. nachlesen können. Aber auch was Sie essen und trinken, spielt eine wichtige Rolle für einen klaren Kopf. Amerikanischen Studien zufolge waren geistige Verfallserscheinungen wie Demenz überproportional häufig mit einer Unterversorgung an Mikronährstoffen verbunden. Vitamine, Spurenelemente und Mineralstoffe müssen in optimaler Menge und Kombination aufgenommen werden, um geistig fit zu bleiben.

Was das Essen betrifft: Da ist das Allerbeste für Sie gerade gut genug. Das bedeutet nicht, dass Sie nur noch bei Sterneköchen speisen, sondern schon beim Einkauf auf die Hochwertigkeit und Nährstoffdichte der Lebensmittel achten. Essen Sie leicht, kohlenhydrat- und vitaminreich, mit viel Obst und Gemüse. Übrigens trägt auch das »Studentenfutter« seinen Namen zu Recht: Erstklassige Nüsse und ungeschwefelte Trockenfrüchte versorgen Nerven und Gehirnzellen mit wichtigen Vitalstoffen. Besondere »Kicks« für Konzentration und Gedächtnis finden Sie auch im Reformhaus: Ginseng stärkt, wenn Sie unter Stress zu geistigen Höhenflügen ansetzen, und Baldrian fördert die innere Sammlung – bei sparsamer Dosierung, höher dosiert bringt er sanften Schlummer. Und: Laut amerikanischen Forschern soll sogar das gründliche Kauen beim Essen das Gehirn anregen!

Das Trinken nicht vergessen

Kaffee, schwarzen Tee, Bier und andere alkoholische Getränke dürfen Sie nicht zu Ihrer täglichen Trinkmenge dazurechnen. Diese Getränke wirken stark entwässernd und erhöhen eher den Flüssigkeitsbedarf.

Ganz wichtig ist auch reichliche Flüssigkeitszufuhr. Gerade dieser Punkt wird von älteren Menschen oft vernachlässigt: Das Durstgefühl stellt sich mit den Jahren seltener und erst zu einem Zeitpunkt ein, an dem der Körper schon ein erhebliches Flüssigkeitsdefizit hat (siehe dazu auch Seite 144f.). Gar nicht selten kommt es bei älteren Menschen sogar zu Verwirrtheitszuständen, die ihre Ursache ausschließlich in der fehlenden Getränkezufuhr haben. Trinken Sie stündlich ein großes Glas Mineralwasser, Kräutertee oder verdünnten Fruchtsaft, um geistig in Schwung zu bleiben! Und übrigens: Verfallen Sie nicht auf den Trick, ab nachmittags nichts mehr zu trinken, um den lästigen nächtlichen Gang zur Toilette zu vermeiden – ein Flüssigkeitsdefizit wirkt sich viel schlimmer aus als diese kleine Unbequemlichkeit!

Auch die grauen Zellen wollen trainiert sein, um nicht zu verkümmern. Pflegen Sie ganz bewusst auch geistige Interessen und suchen Sie das Gespräch und die Auseinandersetzung mit anderen Menschen!

Leckerbissen für das Gehirn

- Lezithin (in Weizenkeimen, Molat)
- Glutaminsäure (in Getreide, Soja, Molat und Melasse, auch als Dragée aus dem Reformhaus)
- Selen (in Weizenkeimen, Paranüssen)
- Datteln (enthalten reichlich Eisen, Kalium und Magnesium)

Training für die grauen Zellen

Denksport- und Konzentrationsaufgaben halten Ihre Hirnzellen fit und machen Spaß. Schätzen Sie sich glücklich, wenn Sie bereits Enkel haben – viele der Spiele, die die Kleinen unterhalten und belehren sollen, sind nämlich auch für Ihren Kopf ein ausgezeichnetes Training – beispielsweise Memory oder Scrabble.

- Fast alle Karten- und Gesellschaftsspiele fördern Gedächtnis und Konzentration. Spielen Sie mit einer Freundesrunde, so durchbrechen Sie auch mal die Routine, und schlagen Sie ein neues Spiel vor!
- Schrecken Sie nicht davor zurück, etwas Neues zu lernen, sei es eine Sprache oder über ein Sachgebiet, das Sie interessiert. Strukturieren Sie Ihre Arbeit, setzen Sie sich konkrete Ziele, schreiben Sie Zusammenfassungen.
- Vermeiden Sie immer größere Routine in Ihrem Leben, sondern suchen Sie stets neue Eindrücke: Wechseln Sie den Urlaubsort, die Tageszeitung, die tägliche Walkingstrecke.
- Bleiben Sie offen für neue Kontakte, denn nichts vermittelt so viel geistige Anregung wie der Austausch mit anderen. Nur in der Auseinandersetzung mit Menschen unterschiedlichen Lebensalters, Ansichten, Erfahrungen und Lebensstilen bleibt die geistige Regsamkeit erhalten, statt in eingefahrenen Bahnen zu erstarren.

Erwarten Sie nicht, dass Anregungen und Unterhaltung zu Ihnen kommen – Sie müssen schon selbst immer wieder neue Erfahrungen wagen. Dann aber bleiben Sie auch für andere ein interessanter Gesprächspartner und brauchen über Einsamkeit nicht zu klagen.

Gesunde Ernährung ist keine Geheimwissenschaft – auch wenn es manchmal so scheint anbetracht komplizierter Nährstoffberechnungen und ausgetüftelter Diäten. Wir nennen Ihnen die wichtigsten Grundsätze, um mit Genuss vital zu bleiben.

Was unser Körper täglich braucht

Die Bausteine der Ernährung

»Essen ist der Sex des Alters«, sagen manche in leicht resigniertem Ton. Wir wollen das nicht unbedingt bestätigen, aber mit Sicherheit haben Tafelfreuden einen engen Bezug zu Lust und Sinnlichkeit. Ungetrübter Genuss will jedenfalls auf beiden Feldern gelernt sein.

Essen ist Lust und Notwendigkeit

Vereinzelt soll es Menschen geben, die am liebsten alle wichtigen Nährstoffe in Form einer täglichen Pille zu sich nehmen würden – rasch und unkompliziert. Denen muss aber etwas ganz Wichtiges entgangen sein: dass Essen über den Zweck Nahrungsaufnahme hinaus alle Sinne anspricht und eine der Hauptquellen für Lebensfreude und -genuss ist. Dem tut es auch keinen Abbruch, dass wir heute mit einer Überfülle von Nahrungsmitteln versorgt sind. Die Freude am Essen ist tief in unseren Genen verankert, denn auch ohne große Hungergefühle bleiben – ganz ähnlich wie bei unseren verwöhnten Haustieren der Inhalt des »Fressnapfs« – die täglichen Mahlzeiten von zentralem Interesse in unserem Leben.

Die Ansprüche »unter einen Hut« bringen

Kompliziert wird es bei der Auswahl, was denn auf den Tisch kommen soll. Jeder hat seine eingefahrenen Gewohnheiten und Vorlieben, noch von Mutters Kochkünsten herrührend oder im Laufe des Lebens erworben. Aber dann gibt es Irritationen:

- Ständig neue Verlockungen des Nahrungsmittelangebots und eine Internationalisierung der Küche reizen zum Ausprobieren.
- Eine wahre Flut zum Teil auch widersprüchlicher Informationen, was »gesund« oder »ungesund« sein soll, führt abwechselnd zu entsagungsvollen Diäten und maßloser Völlerei.
- Der Geldbeutel und die oft knappe Zeit fürs Einkaufen, Kochen und Essen wollen auch berücksichtigt werden.
- Nachrichten über Lebensmittelskandale und Umweltbelastungen untergraben das Vertrauen in die Qualität der Lebensmittel.

Orientierung für den Speiseplan

Eine gesunde und genussreiche Ernährung muss aber nicht zum Problem werden, denn im Grunde geben eine Hand voll einfache Richtlinien den Weg dafür vor. Die Reformhaus-Fachakademie hat dazu einige Orientierungspunkte benannt:

- *Wichtig sind:* die optimale Lebensmittelqualität, möglichst aus ökologischem Anbau bzw. artgerechter Tierhaltung, produziert ohne überflüssige Technologien und Zusatzstoffe; die wertschonende Zubereitung der Nahrung; der verantwortliche Umgang mit Genussmitteln.
- *Gesteigert werden sollte:* der Verzehr von pflanzlichen Lebensmitteln, regionalen Produkten, Lebensmitteln der Saison, Gewürzen und jodiertem Salz (nicht aber der allgemeine Salzkonsum).
- *Verringert werden sollte:* der Verzehr von Fleisch und Wurst, Fett, Zucker und Salz.

Damit haben Sie einige zuverlässige Wegweiser, um Ihren Magenfahrplan zu optimieren. Etwas genauer wollen wir dennoch werden, um auch das »Wie?« und »Warum?« der gesunden Ernährung zu erklären.

Ein paar einfache Grundregeln reichen aus, um sich gesund zu ernähren. Wenn nicht durch eine Krankheit zwingend vorgegeben, brauchen Sie bestimmt keinen Plan, der Ihnen detailliert vorschreibt, was »gesund« und was »verboten« ist – wo bliebe da der Genuss?

Die Kombination der Nährstoffe

Sie haben zwar die schlimme Ahnung, dass Ihre Leidenschaft für schmalzgebackene Krapfen, Currywurst oder belgische Trüffelpralinés nicht gesund ist, aber »Man gönnt sich ja sonst nichts«! Völlig in Ordnung, denn ein totaler Verzicht schmälert die Lebensqualität und steigert nur, ganz wie bei Kindern, die Lust auf »Verbotenes«. Für eine gesunde Ernährung sind solche gelegentlichen Genüsse nicht hinderlich, wenn die mengenmäßige Verteilung der Nährstoffe in Ihrer Alltagskost stimmt.

Die Lebensmittelpyramide zeigt Ihnen die anteilsmäßige Gewichtung, die die einzelnen Nahrungsmittelgruppen in Ihrer täglichen Ernährung haben sollten.

Keine Lust mehr zu kochen? Dann müssen Sie schon sehr sorgfältig wählen, um sich mit Fertiggerichten und Restaurantbesuchen vollwertig zu ernähren. Fast Food, süßes Gebäck, Nudeln und Pizza stellen bei häufigem Verzehr die Lebensmittelpyramide auf den Kopf.

An der Spitze wird's dünn

Die Lebensmittelpyramide in der obigen Abbildung zeigt Ihnen, wie groß die Anteile der verschiedenen Lebensmittel sein sollten. Die breite Basis bilden kohlenhydratreiche Lebensmittel wie Kartoffeln, Reis, Hülsenfrüchte und Vollkornprodukte sowie viel frisches Obst und Gemüse.

In der nächsten Etage der Pyramide finden sich Nahrungsmittel mit unerlässlichen Nährstoffen, die aber schon einen deutlich geringeren Anteil an der täglichen Kost haben sollten – die Eiweißträger Fisch, Fleisch, Eier und Milchprodukte. Ganz oben sind z. B. Ihre Krapfen angesiedelt: Mit Fettem, Süßem, Salzigem und Weißmehlprodukten sollten Sie geizen. Und: Die Pyramide muss schwimmen! Sie brauchen täglich mindestens zwei Liter Mineralwasser, ungesüßten Kräutertee oder Fruchtsaftschorlen.

Wie viele Mahlzeiten am Tag?

Das alte Sprichwort »Morgens essen wie ein Kaiser, mittags wie ein König, abends wie ein Bettelmann« mochte für eine Zeit taugen, in der diese Berufsgruppen noch häufiger vertreten waren – heute passt es nicht mehr in unseren Alltag. Oder haben Sie morgens Zeit und Appetit, um ausgiebigst zu tafeln? Ernährungswissenschaftler sind sich nicht ganz einig darüber, wie die Mahlzeiten über den Tag verteilt sein sollten: Es gibt in dieser Hinsicht weltweit ganz unterschiedliche Gewohnheiten, die man nicht ohne weiteres als »gesund« oder »ungesund« bezeichnen kann. Ein Anhaltspunkt: Die meisten Menschen kommen am besten mit fünf Mahlzeiten am Tag zurecht: Frühstück, Mittag- und Abendessen sowie zwei kleinen Zwischenmahlzeiten am Vor- bzw. Nachmittag. Diese Verteilung sorgt für regelmäßigen Energienachschub, hält den Blutzuckerspiegel im Lot und vermeidet Leistungstiefs und Heißhungerattacken. Wie üppig die einzelnen Mahlzeiten ausfallen und welche Nährstoffe sie enthalten sollten, sehen Sie auf der Grafik auf Seite 132.

Wie oft und wie reichlich Sie essen, sollte nicht nur von Ihren langjährigen Gewohnheiten abhängen. An einem heißen Tag im Juli wird eine üppige Mittagsmahlzeit nur schlapp und müde machen – an einem frostigen Januartag kann sie dagegen gerade das Richtige sein, um uns aufzuwärmen und frische Energie zu geben.

Kohlenhydrate geben Energie

Kohlenhydrate waren lange als Dickmacher verschrien, heute sieht man das differenzierter: Ob ein kohlenhydratreiches Lebensmittel dick macht oder aber ein gesunder Energiespender ist, hängt vor allem davon ab, ob es auch noch viel Fett enthält oder aber zusätzlich Ballaststoffe, Vitamine und andere Mikronährstoffe liefert. Alle Kohlenhydrate werden im Körper zu Glukose umgewandelt, dem wichtigsten Energiespender für Muskeln, Nerven und Gehirn. Ein Überschuss lagert sich hingegen in Form meist unerwünschter Fettpolster an. Mindestens 50 Prozent der täglichen Kalorienmenge sollten Kohlenhydrate sein – aber aus stärke- und ballaststoffreichen Lebens-

Eine gleichmäßige Verteilung der Mahlzeiten über den Tag sorgt für eine ausgewogene Energiekurve ohne jähe Leistungsspitzen mit anschließendem Müdigkeitstief.

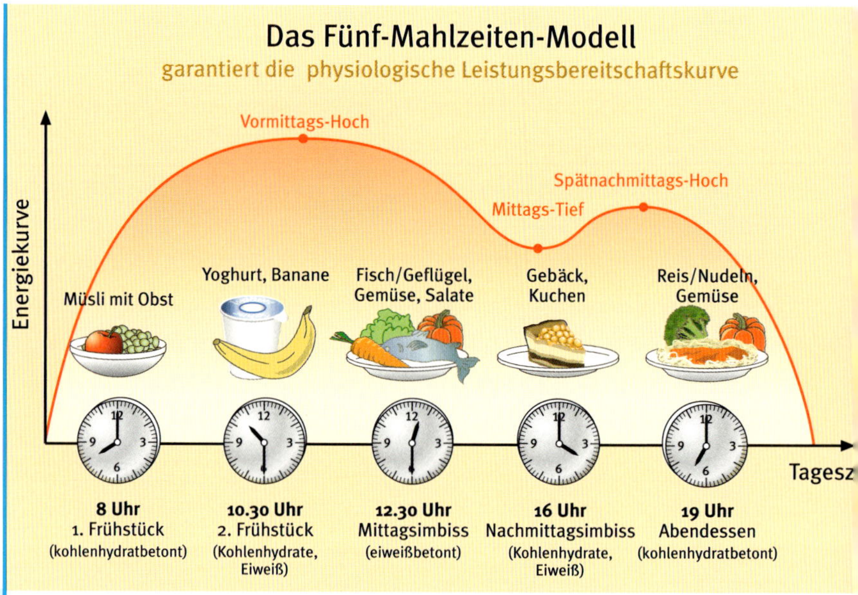

Auch wer eigentlich gar nicht viel Süßes nascht, nimmt oft riesige Zuckermengen durch Limonaden und Erfrischungsgetränke auf. Haben Sie schon mal abgestandene Cola probiert? Ist die Kohlensäure erst verpufft, scheint der Rest sirupsüß und ungenießbar.

mitteln, die auch noch zahlreiche Mikronährstoffe enthalten. Viel Zucker und reine Stärke setzen dagegen die Nährstoffdichte herab und führen nicht nur zu Übergewicht, sondern begünstigen auch Fettstoffwechselerkrankungen und Arteriosklerose.

Naschfalle Weißmehl und Zucker

Praktisch bedeutet das, dass der Großteil Ihrer täglichen Kohlenhydrate aus Vollkornprodukten, Kartoffeln, Hülsenfrüchten und der ganzen großen Palette von Obst und Gemüse stammen sollte. Süße Mehlspeisen, weiße Brötchen mit Marmelade, Kuchen, Torten, helle Nudeln, polierter Reis und all die vielen zuckersüßen Naschereien bringen Ihnen nur »leere« Kalorien, die nicht fit, sondern fett machen. Eine gute Orientierungshilfe gibt der glykämische Index (siehe Seite 74). Aber es schmeckt so gut? Peppen Sie Ihr Marmeladenbrötchen mit einer dicken Schicht Quark statt Butter zum Fitnesssnack auf – das beruhigt das Gewissen etwas! Bei Lust auf Süßes sollten Sie zu ungeschwefelten Trockenfrüchten greifen: Die stillen nun wirklich den Süßhunger und sind dabei wahre Kraftpakete voll wertvoller Biostoffe. Und ansonsten – verbieten Sie sich nichts, aber halten Sie Maß mit Stärke und Zucker. Es ist übrigens auch keine Legende, dass bei eingeschränktem Süßigkeitenkonsum sich auf Dauer der Geschmack umstellt und man weniger stark Gesüßtes bevorzugt. Das spricht auch gegen den hemmungslosen Konsum von »Light«-Produkten, die mit Süßstoff statt Zucker die Naschsucht wach halten und meist dazu noch eine ganze Palette fragwürdiger Zusatzstoffe liefern.

Ballaststoffe halten den Darm gesund

Ballaststoffe haben eine steile Karriere gemacht – nachdem man sie lange für eine Art unverdaulichen Abfall hielt, steht heute fest, dass sie einen ganz wichtigen Beitrag zu unserer Gesunderhaltung leisten. Es handelt sich dabei um Quell- und Füllstoffe, vorwiegend Pflanzenfasern aus Gemüse, Obst und Getreideprodukten. Ihre Aufgaben im Körper:

- Sie füllen Magen und Darm, sättigen und fördern die Verdauung.
- Sie verhindern Verstopfung und sorgen für eine kürzere Verweildauer des Stuhls im Darm.
- Sie binden Schadstoffe und unterstützen eine gesunde Darmflora.
- Sie verzögern Anstieg und Abfall des Blutzuckerspiegels nach der Zufuhr von Kohlenhydraten.

Man sollte 30 bis 40 Gramm Ballaststoffe täglich mit der Nahrung aufnehmen – kein Problem bei einer abwechslungsreichen, gesunden Ernährung mit viel Gemüse und Vollkorn. Man muss aber auch reichlich Flüssigkeit dazu trinken, besonders bei konzentrierten Ballaststoffen wie Weizen- und Haferkleie oder Leinsamen.

Wer viel frisches Obst und Gemüse isst, nimmt Ballaststoffe gleich mit der richtigen Portion Flüssigkeit auf. Kleie-Kautabletten oder andere konzentrierte Ballaststoffe können dagegen die Darmschleimhaut reizen und zu Verstopfung führen, wenn Sie nicht dazu ausreichend viel trinken.

Für körperlich nur wenig aktive Menschen rechnet man mit einem täglichen Eiweißbedarf von 0,8 Gramm pro Kilogramm Körpergewicht. Bei sportlichen und/oder beruflich angespannten Menschen kann sich der Bedarf ohne weiteres auf 1,5 bis 2 Gramm pro Kilogramm Körpergewicht steigern.

Alles ist Eiweiß

Diese Pauschalbehauptung stimmt, soweit es um unseren Körper geht, denn alle Funktionen des Organismus sind auf Proteine bzw. Aminosäuren als deren kleinste Bestandteile angewiesen. Es gibt 20 verschiedene Aminosäuren, von denen acht essenziell sind – d.h., wir müssen sie täglich in ausreichender Menge mit der Nahrung aufnehmen. Die nichtessenziellen Aminosäuren kann der Körper selbst produzieren – aber nur, wenn ihm das dafür nötige »Baumaterial« zur Verfügung steht, und das muss wiederum über die Nahrung zugeführt werden. Der Eiweißbedarf ist abhängig vom Alter und den körperlichen Anforderungen. Er ist erhöht bei Kindern, Schwangeren und stillenden Müttern, aber auch bei Leistungssportlern und kranken Menschen. Eine Zufuhr von 50 bis 60 Gramm Eiweiß gilt als optimale Menge für einen erwachsenen Menschen. Diese Aussage ist aber mit Vorsicht zu genießen, denn sie verrät nicht, wie gut das Eiweiß in Ihrem Körper verwertet wird – was also überhaupt »ankommt«.

Die »biologische Wertigkeit«

So wird das Maß für die Qualität von pflanzlichem oder tierischem Eiweiß genannt. Sie ist umso höher, je besser ein Nahrungseiweiß für den Aufbau von körpereigenem Protein genutzt werden kann. Eiweiß aus Fleisch und Milchprodukten hat eine hohe biologische Wertigkeit, aber leider auch einige Tücken: Eine zu hohe Aufnahme von tierischem Eiweiß, wie bei uns üblich, kann zu schädlichen Ablagerungen in Zellen und kleinen Blutgefäßen führen sowie den Harnsäure- und Fettstoffwechsel belasten. Daher sollte man den Konsum von Fleisch- und Wurstwaren einschränken. Pflanzliches Eiweiß ist zwar schwerer für den Körper verfügbar, kann aber durch geschicktes Kombinieren verschiedener Lebensmittel aufgewertet werden (siehe Kasten).

Optimale Eiweißkombinationen

- Getreide (Reis, Buchweizen, Weizen, Hafer, Dinkel, Gerste, Roggen, Hirse) und Hülsenfrüchte (Bohnen, Sojabohnen, Kichererbsen, Erbsen, Linsen)
- Getreide und Ei oder Milchprodukte (Milch, Dickmilch, Joghurt, Quark, Käse)
- Kartoffeln und Ei oder Milchprodukte

(Quelle: nach Michael Hamm)

Gute Laune ist essbar

Aminosäuren als kleinste Eiweißbausteine haben einen direkten Einfluss auf Ihr Wohlbefinden. Mit einer guten Versorgung mit Aminosäuren und moderatem körperlichen Training produzieren Sie körpereigene Hormone und bleiben leistungsfähig und kreativ in jedem Alter.

Dazu müssen Sie aber nicht Steaks in Mengen verzehren – das würde nur Ihren Stoffwechsel übersäuern. Ihr Gesamteiweißspiegel ist durch eine Blutuntersuchung messbar und sollte bei mindestens acht Gramm pro Deziliter liegen. Das schaffen Sie am besten mit fettarmen Milch- und Sojaprodukten. Wichtig ist auch die ausreichende Versorgung mit B-Vitaminen, denn Aminosäuren sind »Teamworker«. Für einen optimalen Eiweißstoffwechsel gehören jeden Tag Vollkornprodukte, grünes Gemüse und Nüsse auf den Tisch!

Stimmungstiefs, Müdigkeit und schlechte Laune besiegt man mit dem »Glückshormon« Serotonin – direkt zu verzehren durch Bananen, Ananas, Papayas und Avocado, aber auch durch Tomaten. Hauptsächlich wird der Stimmungsmacher aber im Gehirn aus der Aminosäure Tryptophan gebildet. Die »Hitliste« der Tryptophan-Nahrungsquellen finden Sie auf Seite 136.

Beispiele für solche optimalen Eiweißkombinationen sind der gesunde »Klassiker« Pellkartoffeln mit Kräuterquark, ein Müsli mit Getreideflocken und Joghurt oder auch eine Naturreispfanne mit Spiegelei.

Eine saftige Ananas liefert Ihnen reichliche Portionen des »Glückshormons« Serotonin.

Folgendes Menü kurbelt die Serotoninproduktion an und macht gute Laune: Essen Sie eine große Portion Salat mit Frischkäse, dann gegrilltes, mit Zitrone beträufeltes Fischfilet und zum Nachtisch eine Banane oder Papaya.

Stimmungsmacher Tryptophan

Diese Lebensmittel haben's in sich: Tryptophan kurbelt die Serotoninproduktion an und sorgt so für Schwung und gute Laune.

Nüsse	Tryptophan (mg/100g)
Cashewnuss	450
Erdnuss	320
Haselnuss	200
Mandel, Paranuss, Walnuss	170

Getreide	Tryptophan (mg/100g)
Weizenkeime	330
Weizenkleie	250
Amaranth	196
Buchweizen, Hafer, Haferflocken	190
Dinkel, Hirse	180
Quinoa	165

Gemüse und Hülsenfrüchte	Tryptophan (mg/100 g)
Sojabohne	450
Sonnenblumenkerne	310
Sesam	290
Steinpilz	260
Gartenbohne	230
Kichererbse	160
Erbsen	100

Milchprodukte/Eier	Tryptophan (mg/100 g)
Emmentaler	460
Edamer	400
Camembert	370
Brie 50% Fett i.Tr.	340
Cheddar	290
Hühnerei	230
Speisequark	150
Kuhmilch	49
Joghurt	45

Fleisch und Fisch	Tryptophan (mg/100 g)
Durchschnittswert	250

(Quelle: Souci/Fachmann/Kraut: Die Zusammensetzung der Lebensmittel, 6. Aufl., Stuttgart 2000)

Fett ist konzentrierte Kraft

Fett ist das Energiereservoir unseres Körpers, Fett isoliert den Körper gegen Kälte und polstert innere Organe, Fett ist ein unerlässlicher Baustein der Zellmembranen – und es ist ein wichtiger Geschmacksträger, der so manches Nahrungsmittel erst richtig »rund« schmecken lässt. Leider essen wir meist zu viel und das falsche Fett.

Wie viel von welcher Fettsäure?

Maximal 30 Prozent der täglichen Kalorienmenge sollten aus Fett stammen. Das wären z.B. bei einem Kalorienbedarf von 2200 etwa 70 Gramm Fett. Für die Qualität der Fette ist die Zusammensetzung der Fettsäuren entscheidend – ob gesättigt, einfach oder mehrfach ungesättigt. Wir verzichten hier einmal auf atomare Baupläne und weitreichende Erklärungen und beschränken uns auf einen praktischen »Fahrplan«: Einfach ungesättigte Fettsäuren sollten zu ca. 40 Prozent, gesättigte und mehrfach ungesättigte Fettsäuren zu je ca. 30 Prozent in der täglichen Fettmenge enthalten sein.

Hochwertige Pflanzenöle

Gesättigte Fettsäuren sind vorwiegend in tierischen Fetten wie Butter und Schmalz, aber auch im Kokosfett enthalten. Das soll Ihnen nicht »die Butter vom Brot« nehmen, aber das schmackhafte Milchfett sollte mit Fingerspitzengefühl konsumiert werden. Einfach ungesättigte Fettsäuren überwiegen z. B. in Oliven-, Raps- und Haselnussöl, während Distel-, Sonnenblumen-, Maiskeim-, Weizenkeim- und Sojaöl reich an mehrfach ungesättigten Fettsäuren sind. Die Stars unter den Fettsäuren sind die Omega-3-Fettsäuren, die vorbeugend gegen Arteriosklerose und Herzinfarkt wirken. Leinöl sowie Kaltwasserfische sind gute Nahrungsquellen dafür.

Fett sparen um jeden Preis – das bedeutet oft auch weniger Geschmack. Sparen Sie am richtigen Fleck: Lassen Sie die knusprige Geflügelhaut (Cholesterinbombe!) auf dem Teller, und achten Sie auf »versteckte« Fette in Gebäck, Wurstwaren und üppigen Saucen.

Fettfrei ist oft geschmacksfrei

In Amerika hat die Fettphobie solche Ausmaße angenommen, dass viele Milchprodukte sogar gänzlich fettfrei angeboten werden. Auf die Frage, welche Ernährungstheorie dafür infrage komme, dass in keinem Supermarkt ein Joghurt mit natürlichem Fettgehalt zu erhalten sei, während andererseits kaum eine Restaurantmahlzeit ohne eine Riesenportion fetttriefender Pommes frites serviert werde, erklärte eine amerikanische Freundin: »They try to reduce fat where they don't miss it«, was man etwas frei übersetzen könnte mit »Lasst uns Lebensmittel entfetten, die wir sowieso nicht so gern essen«. Irgendwelche nennenswerten Erfolge dieser Strategie ließen sich bisher noch nicht feststellen – warum also dem nacheifern?

Sie lieben ein paar echte Fettbomben über alles? Dann gönnen Sie sich besser seltener eine kleine Portion der echten, unverfälschten Buttercremetorte (Bratkartoffeln, Eiscreme) als häufiger eine denaturierte »abgespeckte« Version, die zwar weniger fett, aber auch nicht gesund ist – und längst nicht so gut schmeckt!

Fettspartipps für Feinschmecker

Durchschnittlich nehmen wir 100 Gramm Fett pro Tag auf – und das ist eben zu viel, um auf Dauer gesund und schlank zu bleiben. Wo also sparen, ohne den Genuss zu schmälern?

Seien Sie äußerst kritisch beim Kauf von »fettreduzierten« Lebensmitteln: Die häufig zugesetzten Binde-, Quell- und sonstigen Mittel können auch nicht darüber hinwegtäuschen, dass das Endprodukt einfach nicht mehr richtig gut schmeckt. Das muss nicht in jedem Fall zutreffen, so gibt es z. B. ausgezeichnete Wurstwaren, die mit mageren Fleischsorten und geringerem Speckanteil hergestellt wurden. Bedenken Sie auch, dass die Fettangaben »in der Trockenmasse« (Fett i. Tr.) bei Käse bedeuten können, dass z. B. ein vollfetter, sahniger Frischkäse oder ein saftiger Brie auch nicht unbedingt mehr Fett aufs Brot bringen müssen als ein fettreduzierter gummiartiger

Schnittkäse. Hier bedeutet es gewiss mehr Lebensqualität, bewusst kleine Mengen von Sahne, fettem Käse oder Vollmilchprodukten zu essen und lieber dort Fett zu sparen, wo es erst bei der Verarbeitung hineingebracht wurde: Meiden Sie Frittiertes und Paniertes, süßes und salziges Knabbergebäck, üppige Saucen, fette Streichwurst, Buttercremetorten und all die Fettorgien, die unsere Großeltern so liebten – damals, als »vollschlank« Mode war und nach jedem Familienfest die jüngere Generation in apathischer Lethargie auf dem Sofa hindämmerte, während die Älteren Gallenprobleme, Gicht und Verdauungsstörungen beklagten.

600 bis 800 Gramm frisches Obst sind eine ganze Menge, wie die Abbildung zeigt. Soviel sollten Sie aber möglichst jeden Tag zu sich nehmen.

Klein aber oho – die Mikronährstoffe

»Iss deine Vitamine!« hat mancher noch als ewige Mahnung aus der Kindheit im Ohr und denkt dabei an pampige Gemüsegerichte und todlangweilige Essig-Öl-Salate. Anders ist es kaum zu erklären, warum wir von den von Ernährungswissenschaftlern empfohlenen täglichen 600 bis 800 Gramm frischem Gemüse und Obst durchschnittlich noch nicht einmal 300 Gramm verzehren – alte Vorurteile halten sich eben hartnäckig. Vitamine haben den höchsten Bekanntheitsgrad unter den Mikronährstoffen, diese gesunde »Familie« hat aber viele weitere Mitglieder (siehe Grafik).

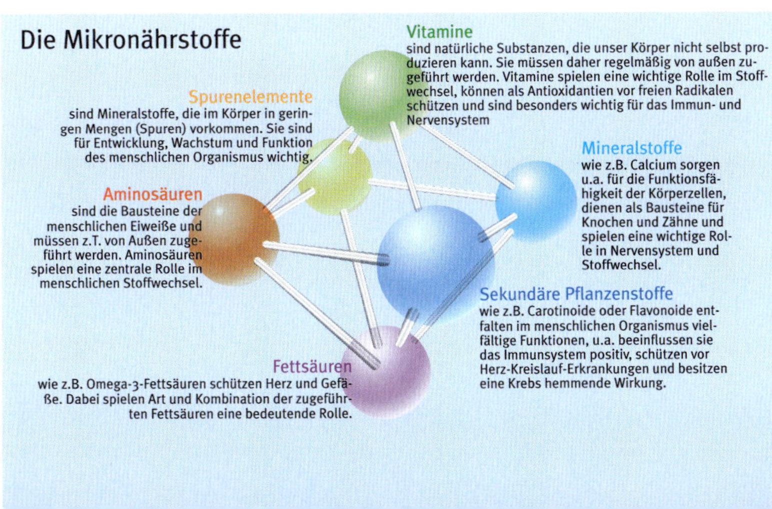

Beta-Carotin schränkt die Zellschädigung durch UV-Strahlen ein. Diesen natürlichen Sonnenschutz bekommen Sie durch den Verzehr von Möhren, roten und gelben Früchten und grünem Gemüse.

Er hat gut lachen: Sauer macht ja bekanntlich lustig, und bei Zitrusfrüchten ist auch klar, warum – reichlich Vitamin C in natürlicher Verpackung!

Vitamine haben Schlüsselfunktionen

In einer gesunden Ernährung darf keines der 13 Vitamine fehlen, denn sie erfüllen allesamt wichtige Regler- und Schutzfunktionen im Körper. Sie werden unterteilt in wasser- und fettlösliche Vitamine:

- Wasserlöslich: B1 (Thiamin), B2 (Riboflavin), Niazin, B6 (Pyridoxin), Pantothensäure, Biotin, Folsäure, B12 (Kobalamin), C (Ascorbinsäure)
- Fettlöslich: A (Retinol, die Vorstufe ist Carotin), D (Calciferol), E (Tokopherol), K (Phyllochinon)

Alle Vitamine bzw. ihre Vorstufen müssen in ausreichender Menge über die Nahrung zugeführt werden, obwohl einige auch vom Körper selbst produziert werden. Diese Eigenproduktion reicht aber nicht aus oder funktioniert nicht richtig, wenn einzelne »Bausteine« zur Herstellung fehlen.

Die Aufgabenverteilung

Was Vitamine in unserem Körper leisten, ist so vielseitig, dass es hier kaum umfassend darzustellen ist. Ein grober Überblick: Vitamin A sorgt für gesunde Haut und Schleimhaut und die Sehkraft, B-Vitamine sind an wichtigen Stoffwechselreaktionen beteiligt, spielen eine zentrale Rolle für den Fett-, Kohlenhydrat- und Proteinhaushalt sowie für die Blutbildung. Vitamin C ist ein Multitalent: Es stärkt das Immunsystem, hält freie Radikale in Schach, sorgt für festes Bindegewebe und ist wichtig für die Eisenverwertung. Vitamin D wird im Körper durch den Einfluss des Sonnenlichts gebildet und regelt den Kalzium- und Phosphatstoffwechsel. Vitamin E ist unser wichtigster Verbündeter in der Abwehr freier Radikale, und Vitamin K ist unerlässlich für die Blutgerinnung. Gemeinsam mit anderen Mikronährstoffen wie Mineralstoffen, Spurenelementen, Aminosäuren, Fettsäuren und sekundären Pflanzenstoffen bilden sie ein »vernetztes System«, das alle Körperfunktionen steuert.

Mineralstoffe und Spurenelemente

Auch diese Mikronährstoffe müssen mit der Nahrung zugeführt werden und sind wichtige Elemente beim Aufbau und Zusammenspiel aller Körperzellen. Wir brauchen diese Stoffe in sehr unterschiedlicher Quantität; danach unterscheidet man Mengen- und Spurenelemente:

- Wichtige Mengenelemente: Kalzium, Kalium, Natrium, Chlorid, Magnesium, Phosphat und Schwefel
- Wichtige Spurenelemente: Eisen, Jod, Fluor, Zink, Selen, Kupfer, Mangan, Chrom, Molybdän und Kobalt

Die Aufgabenverteilung

Kalzium und, in geringerem Maße, auch Phosphat sind wichtige Bausteine für Knochen und Zähne, Kalium und Natrium regulieren den Wasserhaushalt, Ersteres ist darüber hinaus wichtig für die Herz- und Muskelfunktion. Chlorid spielt eine Rolle bei der Produktion von Magensäure. Magnesium ist ein ganz wichtiger Mineralstoff für jeden, der aktiv und leistungsfähig bleiben möchte: Es schützt vor Stress, reguliert die Muskelfunktionen, harmonisiert das Zusammenspiel von Nerven und Muskeln und ist ebenfalls ein Baustoff für Knochen und Zähne. Schwefel wird im Körper aus den Aminosäuren Methionin und Zystein gebildet, seine Funktion ist noch nicht genau bekannt. Eisen sorgt für rotes Blut – genauer gesagt, den Sauerstofftransport im Blut. Zink und Selen sind wichtige Schutzstoffe für das Immunsystem und aktivieren zahlreiche Stoffwechselenzyme. Beide wehren zudem freie Radikale ab. Jod ist unerlässlich für eine gesunde Schilddrüsenfunktion. Chrom spielt eine oft unterschätzte Rolle für den Kohlenhydratstoffwechsel und die Wirkung des Hormons Insulin und ist daher für Diabetiker und Übergewichtige besonders wichtig (siehe auch Seite 72).

Mikronährstoffe erfüllen ihre vielfältigen Aufgaben in unserem Körper durch ein kompliziertes Zusammenspiel, das in manchen Einzelheiten den Forschern immer noch Rätsel aufgibt. Fest steht, dass Mängel viel häufiger auch bei uns auftreten, als man glaubt.

Viel trinken hält fit. Für wichtige Mikronährstoffe sorgen z. B. Fruchtsaftschorlen, grüner Tee oder Kefir.

Wie können Mängel entstehen?

Wir verzichten hier darauf, Mengenangaben zum täglichen Bedarf einzelner Mikronährstoffe zu machen, denn dieser Bedarf ist keine statische Größe, sondern wechselt von Mensch zu Mensch und mit den Lebensumständen. Auch kann der Einzelne kaum kontrollieren, wie viel er von welchem Mikronährstoff eigentlich aufgenommen hat, denn auch die entsprechenden Angaben über Inhalte von Nahrungsmitteln sind mit Vorsicht zu genießen. Warum das so ist und wie Sie sich trotzdem mit allen wichtigen Mikronährstoffen ausreichend versorgen können, erfahren Sie ab Seite 170.

Schon der Mangel eines einzigen Mikronährstoffs kann gravierende Folgen für Gesundheit und Lebensqualität haben. Dazu kann es durch zu geringe Aufnahme, gestörte Verwertung oder aber einen erhöhten Bedarf kommen. Viele Faktoren können dabei mitspielen:

- **Einseitige bzw. Fehlernährung**
- **Sinkende Nährstoffkonzentrationen in Lebensmitteln**
- **Besondere Lebensumstände: Schwangerschaft, Stillzeit, Leistungssport, Krankheit, Rekonvaleszenz, erhöhter beruflicher oder privater Stress**
- **Zu reichlicher Konsum von Alkohol, Nikotin, Kaffee, schwarzem Tee, aber auch mancher Medikamente**

Sie würden ja mehr Gemüse auf den Tisch bringen, aber Ihre Kinder rühren es einfach nicht an? Ganze Völker leben vegetarisch, ohne dass man je von Problemen mit kindlichen Gemüseverweigerern gehört hätte. Vielleicht liegt es ja einfach an der Zubereitungsweise – oder die lieben Kleinen spüren, dass Sie selbst nicht so auf »Grünzeug« erpicht sind.

Sekundäre Pflanzenstoffe

Sekundäre Pflanzenstoffe sind Ihnen wohlbekannt: Sie geben Obst und Gemüse Farbe, Duft, Geschmack und Struktur. Noch nicht sehr lange bekannt sind ihre positiven Wirkungen auf unseren Organismus. Über 10 000 verschiedene Einzelsubstanzen gehören zu dieser Familie von Mikronährstoffen, von denen die Flavonoide und Carotinoide die größten Gruppen bilden. Längst sind sie nicht vollkommen erforscht, aber einige wesentliche Erkenntnisse wurden gewonnen. Für die Pflanzen erfüllen diese Stoffe zahlreiche Schutzfunktionen: Sie wehren Schädlinge ab, schützen vor zu hoher UV-Strahlung, oder aber sie locken Insekten zur Bestäubung an und sichern so ihre Verbreitung. Ähnlich vielfältig sind auch ihre Wirkungen im menschlichen Körper:

- Sie wehren freie Radikale ab.
- Sie stärken das Immunsystem.
- Sie schützen vor Osteoporose.
- Sie senken die Cholesterinwerte.
- Sie hemmen Entzündungen und wirken antimikrobiell.
- Sie regulieren den Blutzucker.

Mindestens fünfmal am Tag eine Portion Obst und Gemüse – das ist die Faustregel für ein gesundes, vitales Aussehen. Alternativ können Sie auch ein bis zwei Portionen durch naturreine Presssäfte ersetzen. Und – ein bisschen mehr darf's hier immer sein!

Viel hilft viel

In diesem Falle stimmt das Motto auch mal: Ein Zuviel an sekundären Pflanzenstoffen können Sie kaum verzehren. Im Gegenteil – die hohe Anzahl verschiedener Stoffe mit unterschiedlicher Wirkung sprechen nicht nur dafür, große Mengen von Obst, Gemüse und Getreide zu verzehren, sondern auch eine große Vielfalt. Schwelgen Sie also in der ganzen bunten Palette, und vergessen Sie auch die Kräuter nicht: Diese enthalten oft sogar ganz besonders reichliche Mengen der wertvollen Substanzen. Auch die Farbe gibt Anhaltspunkte: Treiben Sie's bunt, und bringen Sie möglichst viele Farben jeden Tag auf Ihren Teller. Rote Tomaten oder Kirschen, gelbe Paprika und dunkelgrüner Feldsalat liefern Ihnen unterschiedliche Sekundärstoffe mit breitem Wirkungsspektrum. Besonders zu schätzen ist dabei ihre antioxidative Wirkung gegen den schädlichen Einfluss freier Radikale: Untersuchungen haben nachgewiesen, dass eine Steigerung des täglichen Obst- und Gemüseverzehrs zu einem Anstieg der antioxidativen Kraft des Blutes bis zu 15 Prozent führen kann!

Was liefert Radikalefänger?

- Carotinoide: Möhren, Tomaten, Paprika, Brokkoli, Kürbis, Grünkohl, Spinat, Mangold, Aprikosen, Mangos, Erdbeeren
- Polyphenole (u. a. Flavonoide): Gemüse, Zwiebeln, Zitrus- und Beerenfrüchte, Äpfel mit Schale, Vollkorn, Gewürze, Nüsse, Grüner Tee, Rotwein
- Phytoöstrogene: Sojabohnen, Leinsamen, Roggen, Weizenkleie
- Sulfide: Knoblauch, Lauch, Zwiebeln
- Phytinsäure: Randschichten der Getreide, Hülsenfrüchte
- Protease-Inhibitoren: rote Sojabohnen, unerhitztes Getreide
- Vitamin E: Weizenkeim- und Maiskeimöl, Nüsse, Sonnenblumenkerne, Sesamsaat, Vollkorn, Weizenkeime
- Vitamin C: Zitrus- und Beerenfrüchte, Acerolakirsche, Paprika, Sanddorn
- Selen: Schweinefleisch, Eier, Seefisch, Vollkorn
- Zink: Fleisch, Fisch, Käse, Weizenkeime, Haferflocken, Quinoa, Amaranth

Bei einer abwechslungsreichen Kost mit viel Obst, Gemüse und Getreideprodukten nehmen Sie reichlich natürliche Antioxidanzien auf, die den schädlichen Einfluss der freien Radikale abwehren.

Ungeschwefeltes Trockenobst ist ein süßer Snack für zwischendurch, der jede Menge »Munition« gegen freie Radikale liefert.

Lebensquell Wasser

Das Vorkommen von Süßwasser auf der Erde hat die Besiedlung durch Menschen, Tiere und Pflanzen gesteuert, Trinkwasser ist unsere kostbarste (und gefährdete!) Ressource. Unser Körper besteht zu 60 bis 70 Prozent aus Wasser, und ein Mangel daran führt viel rascher zu unserem Untergang als fehlende Nahrung.

Nun geschieht es nur wenigen in der Wüste »auf dem Trockenen zu sitzen« – aber warum scheinen so viele für diesen Fall zu üben? Abgesehen davon, dass sich der Körper nicht darauf trainieren lässt, mit wenig Wasser auszukommen, machen sich schon verhältnismäßig kleine Flüssigkeitsdefizite sehr unangenehm bemerkbar.

Der Nachschub muss stimmen

Bereits bei leichter körperlicher Tätigkeit verliert ein Mensch am Tag etwa 2,5 Liter Flüssigkeit durch Urin, Stuhl, Schweiß und über die Atmung. Je nach Außentemperatur und Grad der körperlichen Anstrengung kann diese Menge noch gewaltig ansteigen und muss rechtzeitig ersetzt werden. Wasser erfüllt im Körper viele Aufgaben, besonders wichtig sind die Temperaturregelung, der Transport von Nährstoffen und Sauerstoff und die Ausscheidung von Stoffwechselprodukten. Schon ein kleines Wasserdefizit von ca. zwei Prozent des Körpergewichts dickt das Blut ein, behindert den Stoffwechsel und führt zu einem deutlichen Leistungsabfall, der sich nicht nur in den Muskeln, sondern auch im Kopf bemerkbar macht: Ein trockenes Hirn denkt nicht gern. Es meldet: »Durst!« – aber das ist, als ob Sie bei Rot über die Kreuzung gefahren sind: Der Führerschein ist weg. Durstgefühl ist keine Frühwarnung, sondern bereits ein Alarm. Deshalb sollten Sie stets ausreichend trinken, bevor sich der Durst meldet.

Gesunde Durstlöscher

Nicht jedes Getränk ist gleich gut geeignet, Flüssigkeitsdefiziten vorzubeugen. Bier und andere alkoholische Getränke, auch Kaffee und schwarzer Tee regen die Nierenausscheidung an und führen zu weiteren Wasserverlusten. Günstig sind:

- Mineralwässer mit hohem Magnesium- und niedrigem Natriumgehalt
- Frisch gepresste Fruchtsäfte oder Direktsäfte (keine Nektare oder aus Konzentraten gewonnene Säfte), eventuell als Schorle mit Mineralwasser aufgefüllt
- Kräuter- und Früchtetees hochwertiger Qualität und möglichst ohne synthetische Aromen (öfter mal die Sorte wechseln).

Außerdem sorgen reichliche Portionen von saftigem frischem Obst und knackigem Gemüse für zusätzlichen Flüssigkeitsausgleich.

Wer zu wenig trinkt, altert sichtbar schneller – die Haut wird schlechter durchblutet, wird fahl und knittrig. Steigern Sie die Flüssigkeitszufuhr allmählich, damit sich Magen und Darm daran gewöhnen können: 0,2 Liter pro Stunde sind besser, als auf einmal Riesenmengen zu trinken.

Der nächste Durstlöscher sollte nie weit sein – damit Sie stets ausreichend mit Flüssigkeit versorgt sind.

Stark vernachlässigt – unsere Beißwerkzeuge: Hauptsache, sie sehen einigermaßen ansehnlich aus und nichts tut weh. Aber unsichtbar in Zahnzwischenräumen und Zahnfleischtaschen sind oft böse Keime versteckt, die weitreichende Schäden anrichten können.

Mundhygiene ist mehr als Zähneputzen

»Damit Sie auch morgen noch kraftvoll zubeißen können...« wurde vor Jahren regelmäßiges Zähneputzen mit einer Zahncreme beworben, untermalt vom herzhaften Biss in einen Apfel. Auch »Kussfrische« schien der Werbewelt ein wichtiger Faktor, der für regelmäßige Mundhygiene sprechen sollte. Sicher wäre es traurig, bei solchen vergnüglichen Beschäftigungen wegen Zahnweh oder Mundgeruch eingeschränkt zu sein, die Folgen vernachlässigter Zähne und Zahnfleisch können aber noch viel gravierender sein.

Was sich im Mund so alles tummelt

Porphyromonas gingivalis, Prevotella intermedia, Treponema denticola – so heißen nur einige der zahlreichen bakteriellen »Gäste«, die unsere Mundhöhle beherbergt. Nicht alle der exotisch klingenden Keime sind gefährlich, denn auch in einem gesunden Rachen tummeln sich etwa 300 verschiedene Arten, die in einem bestimmten Verhältnis zueinander die Mundflora bilden.

Durch mangelnde Mundhygiene, verstärkt noch durch eine geschwächte Körperabwehr, können aber leicht krank machende Bakterien die Oberhand gewinnen. Dann entsteht zunächst meist unbemerkt eine Gingivitis (Zahnfleischentzündung), die sich zur Paradontitis mit Lockerung und Verlust von Zähnen fortentwickeln kann. Spätestens dann wagen auch Hartgesottene den Gang zum Zahnarzt, aber bereits kleine Entzündungsherde können alle möglichen Beschwerden verursachen, die man lange nicht mit Zähnen und Zahnfleisch in Verbindung brachte.

Risikofaktor Gingivitis

Die in Zahnfleischtaschen verborgenen pathogenen Keime können sich unbemerkt ausbreiten und z. B. zu einer Herzmuskelentzündung führen. Das Risiko, einen Herzinfarkt, Schlaganfall oder Herzklappeninsuffienz zu erleiden, ist deutlich erhöht. Schwangere mit Zahnfleischentzündungen haben häufiger Frühgeburten, Sportler leiden unter vermehrten Muskelzerrungen oder -verhärtungen. Ja, aber Ihre Zähne sind prima in Schuss? Dann probieren Sie ruhig einmal den herzhaften Biss in den Apfel, und jetzt schnuppern Sie mal an der Bissstelle: Nichts als frischer Apfelduft? Dann haben Sie entweder doch nicht kräftig hineingebissen, oder Sie haben gerade ganz gründlich die Zähne geputzt, oder Sie gehören tatsächlich zu dem verschwindend geringen Prozentsatz von Menschen, die keinerlei Anzeichen einer Zahnfleischentzündung haben.

Die fachmännische Diagnose

Der »Apfeltest« ist natürlich nicht sehr aussagekräftig, aber wenn es doch nicht ganz so frisch duftet oder gar kleine Blutspuren sichtbar sind, wird es höchste Zeit für eine Sanierung der Entzündungsherde. Leider bietet nicht jeder Zahnarzt eine umfassende Diagnose und Therapie, und in Zeiten »leerer« Krankenkassen können Sie auch nicht damit rechnen, alle Leistungen bezahlt zu bekommen – in Anbetracht der allgemeinen Gesundheitsrisiken und der Kosten für eventuell fällige spätere Behandlungen ist es aber unbedingt lohnend, hier vorbeugend etwas zu tun. Der Mundraum wird dabei auf Zahnfleischtaschen und deren Tiefe untersucht, der so genannte Blutungsindex (SPI) und die Plaquebildung (Plaque-Index API) werden festgestellt. Die mikrobiologische Diagnose ermittelt Art und Anzahl der vorhandenen Bakterienstämme, eventuell wird eine Antibiotikatherapie eingeleitet. Als weitere Maßnahmen wird der Zahnarzt die

Oft empfehlen Zahnarztpraxen heute auch schon zusätzliche hygienische oder Vorsorgemaßnahmen, die man privat bezahlen muss. Sehen Sie das nicht gleich als Versuch, Ihnen das Geld aus der Tasche zu ziehen, sondern prüfen Sie ernsthaft das Angebot – oft erspart Ihnen das vielleicht spätere größere Kosten.

Ein knackiger Apfel als kleine Probe: Sind Zähne und Zahnfleisch wirklich gesund?

Zahntaschen reinigen, Zahnstein entfernen und vielleicht vorhandene unzulängliche Füllungen oder Zahnersatz erneuern. Nach drei Monaten sollte in einer Nachuntersuchung noch einmal eine mikrobiologische Diagnose erstellt werden, wenn Sie einen positiven Befund hatten. Sehr zu empfehlen sind auch regelmäßige Zahnreinigungen durch einen Dentalhygieniker. Erkundigen Sie sich bei mehreren Zahnarztpraxen nach deren Leistungsspektrum, und vergleichen Sie auch die Kosten.

Seien Sie vorsichtig mit Zahnputzcremes, die Ihnen »blendende Weiße« versprechen. Sie enthalten oft scharfe Putzkörnchen, mit denen Sie bei häufigem Gebrauch den Zahnschmelz schädigen können.

Die Mundhygiene verbessern

Den wichtigsten Beitrag zur Vorbeugung von Gingivitis und deren schlimmen Folgen müssen Sie aber selbst leisten: Reformieren Sie Ihre Mundhygiene! Zweimal täglich flüchtig schrubben reicht einfach nicht aus, um Ablagerungen zu verhindern. Natürlich bleibt die Zahnbürste das wichtigste Instrument bei der täglichen Pflege. Über die ideale Form gehen die Ansichten auseinander, hier kommt es auch auf die Zahnstellung an: Ein kurzer Bürstenkopf mit weichen bis mittelfesten Borsten reicht auch in entlegene Ecken und schont

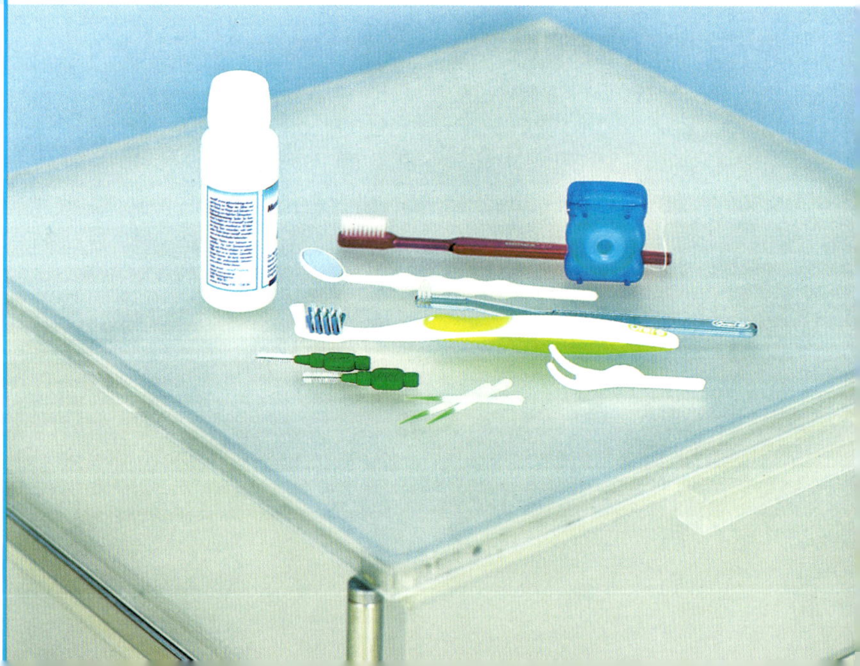

Zur perfekten Mundhygiene braucht man mehr als eine Zahnbürste. Hier sehen Sie verschiedene Utensilien, mit denen auch die Zahnzwischenräume von Anblagerungen befreit werden können.

Was den Zähnen schadet

Neben mangelnder Mundhygiene beeinflussen noch zahlreiche andere Faktoren die Zahngesundheit:

- **Erhöhter Stress mit psychischer Anspannung erhöht erheblich das Risiko, Zahnfleischentzündung zu bekommen aufgrund der Schwächung des Immunsystems.**
- **Eine unzureichende Versorgung mit Mikronährstoffen (z. B. Kalzium, Chlorid, Vitamin C) schwächt Zähne und Zahnfleisch.**
- **Erhöhte körperliche Belastung, auch Schwangerschaft, kann ebenfalls Zähne und Zahnfleisch angreifen.**
- **Zu viele Süßigkeiten, »Kaufaulheit« beim Essen, längere Einwirkung von Säuren (Zitrusfrüchte, Salatdressing«) schädigen Zahnschmelz und Kiefer.**

Mit den Zahnzwischenräumen haben Sie sich noch nie beschäftigt? Zahnseide ist effektiv, erfordert aber Geduld und Geschicklichkeit, Bürstchen sind einfacher zu handhaben und in verschiedenen Durchmessern, je nach Zahnabstand, erhältlich.

das Zahnfleisch. Überhaupt kommt es weniger auf heftigen Einsatz als vielmehr auf Ausdauer an: Bürsten Sie mindestens drei Minuten lang Vorder- und Rückseite sämtlicher Zähne »von Rot nach Weiß«, also vom Zahnfleisch weg. Ob elektrisch oder per Hand, ist mehr Geschmackssache.

Lachen ist gesund – und gepflegte Zähne steigern eindeutig die Lust, sie beim Lächeln herzuzeigen!

Die Zahnzwischenräume

Eine Mundddusche mit pulsierendem Wasserstrahl ist angenehm und hygienisch, reicht aber nicht aus, um Beläge aus den Zahnzwischenräumen zu entfernen. Hier kommen Zahnseide, -hölzchen oder spezielle Bürstchen zum Einsatz (siehe Abbildung links). Der etwas kniffige Umgang mit diesen Hilfsmitteln will zunächst geübt werden, geht aber bald »in Fleisch und Blut« über. Bitten Sie den Zahnarzt oder Zahnhygieniker, es Ihnen richtig zu erklären.

Sie wissen nun, welche Nährstoffe Sie brauchen, aber was sollen Sie nun eigentlich essen? Was Ihnen schmeckt natürlich – aber mit einem kritischen Auge für Qualität und Zubereitung.

Gesunde Tafelfreuden für Lebenskünstler

Dandy Oscar Wilde stellte einmal klar: »Ich habe einen ganz einfachen Geschmack – für mich ist stets das Beste gut genug.« Wenn Sie sich vielleicht auch nicht für alle Lebensbereiche diese Devise zu Eigen machen können, sollte sie doch für das gelten, was Sie täglich zu sich nehmen, denn nichts hat so großen Einfluss auf unser Wohlbefinden wie das, was wir essen. Aber was ist nun das Beste?

Lebensqualität ist auch Lebensmittelqualität

Man möchte manchmal bezweifeln, ob es angesichts von Lebensmittelskandalen wie z. B. BSE oder Antibiotika, Pestiziden, Schwermetallen und Hormonen in Nahrungsmitteln überhaupt noch möglich ist, sich hochwertig und gesund zu ernähren. Ganz zu schweigen vom Einsatz neuer und umstrittener Technologien bei der Lebensmittelproduktion wie radioaktiver Bestrahlung oder gentechnischer Veränderung.

Ganze Bibliotheken füllen die Untersuchungen über Verunreinigungen, schädliche Rückstände, Zusatzstoffe und Schadstoffe, die bei Produktion, Verarbeitung und Lagerung in Lebensmittel kommen. Wir wollen dem kein weiteres Kapitel hinzufügen – jedenfalls ist es schwierig, sich in dem Nachrichtendschungel über tatsächliche und nur hysterisch aufgebauschte Gefahren zurechtzufinden.

Das Gute dabei ist: Es hat bei vielen ein neues Interesse daran geweckt, möglichst naturbelassene, wenig und schonend verarbeitete Lebensmittel zu kaufen.

»Bio« oder billig?

Das muss kein Gegensatz sein, ist es aber häufig. Es macht einen Riesenunterschied, ob Sie preisbewusst einkaufen oder stets von allem das Billigste zu ergattern suchen.

Aber auch Erwachsene glauben an Märchen bzw. vergessen gern einmal die Realitäten: »Drei Tiefkühlhähnchen für 5 €? Na prima, da wird die ganze Grillrunde von satt!« Dabei müsste es auch Menschen, die keine sentimentalen Gefühle für Federvieh haben, bei der Vorstellung grausen, wie wohl drei Hähnchen aufgezogen, geschlachtet, gekühlt, geliefert und gelagert werden können und mit 5 € immer noch einen Gewinn erbringen.

Stattdessen könnten Sie für 5 € Ihre Lieben auch mit einer großen orientalisch gewürzten Kichererbsen-Kasserolle mit marinierten Streifen eines artgerecht aufgezogenen Hähnchens satt bekommen – vielleicht interessanter, sicherlich gesünder. Nicht Ihr Geschmack? War ja auch nur ein Beispiel.

Bloß keine Panik wegen der Meldungen über Acrylamid in hocherhitzten stärkehaltigen Lebensmitteln wie Kartoffelchips, Pommes frites, Keksen oder Lebkuchen! Genau diese Nahrungsmittel sollten Sie sowieso nur gelegentlich und in kleiner Menge essen. Und in der eigenen Küche müssen Sie nur einige Zubereitungshinweise beachten, um die Bildung des schädlichen Stoffes zu vermeiden (siehe Kasten).

Acrylamid – ein neuer Schrecken?

Die Entdeckung von schädlichem Acrylamid in Pommes frites, Kartoffelchips und, oh Graus, in Lebkuchen hat nicht nur in der Vorweihnachtszeit die Verbraucher verunsichert. Hier handelt es sich zwar nicht um einen neuen Schadstoff, sondern um eine Substanz, die wir schon lange konsumieren, aber die Schädlichkeit war nicht bekannt. Acrylamid entsteht bei starker Erhitzung von stärkehaltigen Lebensmitteln. In zunehmendem Maße versuchen Hersteller von Backwaren und Knabberartikeln dies durch schonendere Aufbereitung zu vermeiden. Aber auch im Haushalt sollten Sie darauf achten, Kartoffeln und Backwaren nicht zu lange und zu hoch zu erhitzen (Backofen nicht über 200 °C), Panaden und Frittiertes möglichst zu meiden, Bratkartoffeln aus gekochten Kartoffeln zuzubereiten.

Für geprüfte Qualität steht das »neuform«-Zeichen auf Reformhauswaren. Für Produkte mit diesem Zeichen sind z. B. keine chemisch-synthetischen Zusatzstoffe erlaubt, ebenso wenig bestimmte Herstellungsverfahren wie Fetthärtung oder radioaktive Bestrahlung.

Ist Biokost wirklich gesünder?

Aber sicher, wenn sie möglichst ökologisch erzeugt und weitgehend frei von Zusatzstoffen ist. Ob dem so ist, erkennen Sie daran, dass auf dem Etikett »öko«, »ökologisch«, »bio« oder »biologisch« steht – diese Bezeichnungen gelten laut EU-Bio-Verordnung als verbindlich für Produkte aus ökologischem Anbau.

Angaben wie »kontrolliert«, »natürlich« oder gar die Abbildung blühender Wiesen und kerniger Landmänner sagen dagegen überhaupt nichts Konkretes aus. Ein »echtes« Bioprodukt enthält mehr wertvolle Nährstoffe und weniger Schadstoffe als ein vergleichbares »Nicht-Bioprodukt« – vorausgesetzt, Sie gehen auch richtig damit um und bringen es nicht durch falsche Lagerung oder Zubereitung um diesen »Mehrwert« (siehe Seite 159ff.). Und vor allem – es schmeckt einfach besser.

Wo einkaufen?

»Bio« liegt mit gutem Grund im Trend, und auch konventionelle Lebensmittelläden führen inzwischen ein mehr oder weniger breites Angebot an ökologisch erzeugten Waren. Studieren Sie die Zutatenangaben auf Lebensmittelverpackungen: Je länger die Liste, desto unwahrscheinlicher, dass es sich um ein hochwertiges und weitgehend naturbelassenes Nahrungsmittel handelt.

Weitgehend »blind« kaufen können Sie dagegen in Reformhäusern und Bioläden. Oder denken Sie dabei immer noch an muffige Geschäfte, wo hypochondrische ältere Herrschaften und Gesundheitsapostel in Wallegewändern zu horrenden Preisen schrumplige Äpfel und harte Körner kaufen? Dann haben Sie was verpasst – die Branche hat auf die Überholspur gewechselt, und das Angebot kann an Frische und Auswahl ohne weiteres mithalten. Zusätzlich legen Reformhäuser hohe Qualitätskriterien an die von ihnen vertriebenen

Waren, sie betreiben sogar eine eigene Fachakademie mit Schulungs- und Ausbildungszentrum sowie ein Labor, in dem von sämtlichen angebotenen Lebensmitteln Stichproben untersucht werden.
Und zu den »horrenden Preisen«: Ja, sorgfältig und ökologisch einwandfrei produzierte Lebensmittel aus wertvollen Rohstoffen haben ihren Preis, und je nach Produkt sind sie mehr (z. B. Eier und Fleisch aus artgerechter Tierhaltung) oder weniger (z. B. Getreide- oder Milchprodukte) deutlich teurer als industriell hergestellte Massenerzeugnisse. Ebenso deutlich ist aber auch der qualitative Unterschied – aber davon müssen Sie sich schon selbst überzeugen!

Bei Versuchen bestätigte sich, dass Rinder und Schweine nach Bio-Kriterien erzeugtes Futter bevorzugt fraßen und auch wesentlich besser verwerteten. Dem Nutzvieh kann man – im Gegensatz zum kritischen Verbraucher – immerhin keine Voreingenommenheit unterstellen.

Worauf Sie beim Einkauf achten sollten

Wo auch immer Sie sich mit Lebensmitteln versorgen möchten – bevorzugen Sie Fachgeschäfte, wo man Sie ausführlich berät, klare Aussagen über die Herkunft der Waren treffen kann und auch ein offenes Ohr für Sie hat, wenn Sie einmal nicht zufrieden mit etwas waren. Im Folgenden nennen wir Ihnen wichtige Qualitätskriterien für verschiedene Nahrungsmittelgruppen. Bei der Vielfalt des Angebots bedeutet das natürlich genauen Vergleich – aber schließlich gehen Sie auch nicht los und kaufen irgendein Auto!

Sachkenntnis und freundliche Beratung sind unschätzbar beim Lebensmitteleinkauf – das sollte Ihnen etwas höhere Preise wert sein!

Fleisch- und Wurstwaren, Eier, Fisch

Fleisch und Wurst versorgen Sie mit Eisen, Zink und B-Vitaminen. Unter Umständen aber auch mit Antibiotika, Dioxinen und bei Wurstwaren mit überreichlich tierischem Fett und Zusatzstoffen – und das brauchen Sie nun wirklich nicht. Außerdem sind alle wichtigen Mikronährstoffe auch in pflanzlichen Lebensmitteln enthalten. Von BSE oder weltanschaulichen Argumenten für Fleischverzicht soll hier gar nicht die Rede sein, aber Sie tun Ihrer Gesundheit Gutes, wenn Sie den Fleisch- und Wurstverzehr einschränken und kleinere Portionen auftischen. Die sollten vorwiegend aus mageren, hellen Fleischsorten (Geflügel) bestehen und mögichst aus artgerechter Tierhaltung stammen.

Eier sind hochwertige Quellen für Eiweiß und Lezithin. Mehr als zwei bis drei Stück pro Woche sollten es aber nicht sein, denn jedes Ei liefert auch etwa 150 Milligramm Cholesterin. Hühner brauchen Licht, Luft, Bewegung und gesundes Körnerfutter, um hochwertige Eier zu legen. Bei regionalen Erzeugern (»Einkaufen auf dem Bauernhof«) können Sie sich selbst überzeugen, ob Eier und auch Fleisch von artgerecht gehaltenen Tieren stammen.

Fisch bringt viel Eiweiß und hochwertige Fettsäuren auf den Teller, ist aber auch ein leicht verderbliches Lebensmittel. Wirklich fangfrischen Seefisch bekommt man fern von der Meeresküste meist nur tiefgekühlt. Intensiver Geruch, weiche Fleischkonsistenz und, bei ganzen Fischen, trübe, eingefallene Augen? – Lassen Sie bloß die Finger davon!

Neuere wissenschaftliche Studien haben gezeigt, dass manche Menschen sehr stark auf Cholesterin aus der Nahrung reagieren, andere wiederum haben dafür einen höheren Toleranzbereich.

Davon können Binnenländer meist nur träumen: Wenn Sie so fangfrischen Fisch direkt vom Kutter kaufen können, sollten Sie unbedingt zugreifen.

Vegetarier leben gesünder

Immer wieder wird behauptet, der völlige Verzicht auf Fleisch führe zu Versorgungsmängeln, z. B. mit Eisen, Vitamin B12, Zink und Eiweiß. Besonders für Kinder und Schwangere sei vegetarische Ernährung daher nicht gesund. Das stimmt einfach nicht – jedenfalls nicht bei Vegetariern, die Milchprodukte und Eier essen. Kombiniert mit viel Getreide und Hülsenfrüchten, Obst, Gemüse, Nüssen und Pflanzenölen haben sie sich für die gesündeste Ernährungsform entschieden, wie zahlreiche wissenschaftliche Studien belegen. Natürlich funktioniert die Sache nicht, wenn man nur noch die Pommes isst und den Hamburger weglässt...

Getreide, Müsli und Backwaren

Vollkorn aus ökologischem Anbau sollte es sein, was keineswegs bedeutet, dass Sie auf harten Körnern herumbeißen müssen. Das sollten Sie auch gar nicht, wenn Sie bisher vorwiegend Weißmehlprodukte verzehrt haben. Frischkornmüslis oder allzu kernige Brote werden oft erst nach einer Gewöhnungsphase gut vertragen.
Aber auch Vollkornbrote und -backwaren können aus relativ hellem, feinem Mehl bestehen. Wichtig ist nur, dass wirklich das ganze Korn vermahlen wurde und möglichst keine unnötigen Backhilfsmittel und Zusatzstoffe enthalten sind. Fertigmüslis sollten ungezuckert sein und neben Getreideflocken nur hochwertige Trockenfrüchte und Nüsse enthalten.

Natürlich können auch Vegetarier Defizite an Mikronährstoffen haben, wenn auch nicht der Verzicht auf Fleisch die Ursache ist. Insbesondere eine Unterversorgung mit Magnesium, Selen und Zink ist häufig. Genau feststellen lässt sich das durch eine zelluläre Blutuntersuchung, die man am besten jährlich wiederholt.

Nüsse und Samen

Hochwertige Öle und viele Mikronährstoffe machen Nüsse, Sesam oder Leinsamen zu Energiespendern erster Klasse. Wegen des hohen Fettgehalts sollten Sie sie aber in Maßen genießen – als kleine Knab-

Die Vorliebe für Sauerkraut hängt den Deutschen geradezu als Markenzeichen an (obwohl z. B. die Ungarn uns beim Pro-Kopf-Verbrauch bei weitem übertreffen). Keine schlechte Gewohnheit, nur sollte das gesunde Kraut nicht »totgekocht« und mit Bergen von fettem Fleisch oder Wurst aufgetischt werden. Probieren Sie z. B. mal einen erfrischenden Sauerkrautsalat mit Ananaswürfeln!

berei für zwischendurch oder als Zutat zum Frühstücksmüsli. Gute Qualität ist auf Schadstoffe, Strahlenbelastung und Pilzgifte kontrolliert und wurde nicht begast.
Köstlich als gehaltvoller Brotaufstrich oder für die Zubereitung von Desserts sind auch Nussmuse, die keine Zusätze oder Konservierungsstoffe enthalten sollten.

Gemüse und Salate

- Aus ökologischem Anbau, möglichst frisch aus der Region und der Saison entsprechend – das sind die wichtigsten Kriterien für den Einkauf von knackigem Gemüse und Salaten. Vielerorts können Sie bedarfsgerecht zusammengestellte Gemüsekisten von Erzeugern der Umgebung vor die Haustür geliefert bekommen.
- Tiefkühlgemüse ist besser als sein Ruf, was den Erhalt von Geschmack und Nährstoffen betrifft, sollte aber möglichst keine Zusätze wie Zitronen-, Ascorbin- oder Glutaminsäure enthalten.
- Sauerkraut ist eine hervorragende Kur für den Darm: Achten Sie darauf, dass es durch natürliche Gärung hergestellt wurde. Ein Tipp: Behalten Sie beim Kochen von Sauerkraut etwa ein Viertel zurück, und geben Sie es erst zum Schluss fein gehackt unter das fertig gegarte Kraut – so bleibt Ihnen auch eine gute Portion Vitamin C erhalten!
- Kartoffetrockenprodukte für Püree oder Knödel sollten ungeschwefelt sein und ohne weitere Geschmackszutaten. Mit etwas frischer Butter oder Sahne, Kräutern und Gewürzen können Sie selbst viel schmackhafter verfeinern!
- Gemüsesäfte liefern jede Menge sekundärer Pflanzenstoffe und Vitamine. Sie eignen sich prima für eine Frühjahrskur zur Stärkung der Abwehr und zur Entschlackung des Organismus. Auch ihre Zutaten sollten aus ökologischem Anbau stammen. Hochwertiger als Saft aus Konzentraten sind mit Spezialpressen erzeugte Direktsäfte.

Obst und Trockenfrüchte

Möglichst saisongerecht und aus der Region – das gilt auch für frisches Obst, soweit es sich um einheimische Arten handelt. Aber auch exotische Früchte wie Bananen, Ananas, Kiwis oder Avocados sollten möglichst aus ökologischem Anbau stammen. Frisches Bio-Obst sieht zwar manchmal nicht ganz so imposant und glänzend aus wie Supermarktware, ist dafür aber frei von Konservierungsstoffen und Oberflächenbehandlung.
Fruchtsäfte sollten naturrein, möglichst ungesüßt und direkt gepresst sein, nicht aus Konzentraten rückverdünnt.
Trockenfrüchte sind eine prima Alternative zu Schokoriegeln & Co., versorgen Sie mit vielen Mikronährstoffen und haben ein hohes antioxidatives Potenzial. Achten Sie darauf, dass sie aus ökologischem Anbau kommen und ungeschwefelt sind. Schwefel erhält zwar besser die Farbe der Früchte, behindert aber die Aufnahme der B-Vitamine.

In besonders köstlicher Form enthalten Fruchtschnitten Trockenfrüchte – und sie eignen sich prima als Snack zwischendurch. Achten Sie auch auf ungeschwefelte Fruchtanteile, denn Schwefel kann im Einzelfall zu Unverträglichkeitsreaktionen wie Kopfschmerzen führen.

Milchprodukte

Milch, Quark, Joghurt und Käse sind wichtige Kalzium- und Eiweißlieferanten. Für hohe Qualität ist auch hier zunächst einmal die artgerechte Tierhaltung ausschlaggebend. Dann sollte die Verarbeitung schonend und unter Verzicht auf überflüssige Zusätze geschehen.
Wer Fett sparen möchte, sollte natürlicherweise magere Milchprodukte wie Dickmilch, Buttermilch oder Molke bevorzugen. Wichtig für eine gesunde Darmflora sind Sauermilchprodukte – besonders wertvoll sind solche mit einem hohen Anteil der physiologisch günstigen rechtsdrehenden Milchsäure.
Frischkäse guter Qualität enthält keine Verdickungs- und Bindemittel und ist mit natürlichen Kräutern oder Gewürzen aromatisiert. Schnitt- und Hartkäse sollte natürlich gereift sein und keine Farb-, Konservierungs- und Aromastoffe enthalten.

Köstliche und interessante Käsesorten gibt es wie Sand am Meer – wählen Sie natürlich gereifte Sorten statt plastikverpackter Massenware mit fragwürdigen Zusatzstoffen!

In den Herkunftsländern der meisten unserer Gewürze käme keine Hausfrau auf die Idee, Würzmischungen aus jahrelang aufbewahrten Gläschen zu verwenden. Natürlich ist es etwas arbeitsaufwändiger, ganze Gewürze zu kaufen und selbst zu zerkleinern und mischen – aber der Unterschied im Aroma ist enorm!

Öle und Fette

Butter, Schmalz und Kokosfett sollten Sie sehr sparsam verwenden und nur dort, wo ihr typischer Eigengeschmack auch wirklich zur Geltung kommt. Kaltgepresste Pflanzenöle aus unbelasteten Rohstoffen sind für die tägliche Küche die erste Wahl, z. B. Oliven- oder Rapsöl, die reich an einfach ungesättigten Fettsäuren sind. Als Brotaufstrich sind gute Pflanzenmargarinen aus ungehärteten Fetten und mit einem hohen Anteil kaltgepresster Öle zu empfehlen.

Gewürze und Würzmischungen

Jodsalz, sparsam dosiert, ist eine wichtige Ergänzung zu unserer fast unvermeidlich jodarmen Ernährung. Gewürze verlieren gemahlen rasch ihr Aroma, kaufen Sie möglichst ganze Gewürze und mahlen Sie selbst erst kurz vor Gebrauch. Sie sollten möglichst auch aus ökologischem Anbau stammen und weder begast noch bestrahlt worden sein. Würzmischungen enthalten oft eine ganze Reihe von Zusatzstoffen, die gesundheitlich bedenklich sind oder individuelle Unverträglichkeiten auslösen können. Mischen Sie lieber selbst!

Teespezialitäten

Kräuter- und Früchtetees, schwarzer und grüner Tee sind beliebte und gesunde Getränke für jeden Tag. Leider sind sie durch Nachrichten über Pestizid- oder Herbizidbelastungen etwas in Verruf geraten. Kaufen Sie Tees nur in geprüfter Qualität, möglichst aus biologischem Anbau.

Wechseln Sie häufiger die Sorte oder Mischung, denn auch Heilkräuter sollten nicht einseitig in Mengen konsumiert werden. In Mode sind aromatisierte Kräuter- und Früchtetees – meiden Sie die Fülle von synthetischen bzw. »naturidentischen« Aromastoffen, und achten Sie auf die ausschließliche Verwendung natürlicher Aromen.

»Du kriegst die Motten!«

Flattert, krabbelt und windet sich was in Ihrem Vorratsschrank? Seit biologisch erzeugte Lebensmittel ohne konservierende Behandlung Konjunktur haben, schmeckt es leider auch manchmal den Plagegeistern aus Omas Speisekammer bei uns wieder gut: Speisemotte, Mehlwurm und Ameise mögen es eben auch am liebsten natürlich. Besonders gefährdet sind Getreidekörner, Mehl, Nudeln, Reis, Trockenfrüchte und Nüsse. Bewahren Sie diese Lebensmittel in fest schließenden Dosen auf, achten Sie auf das Haltbarkeitsdatum, und kontrollieren Sie häufig Ihre Vorräte auf die unwillkommenen Schädlinge!

Viele wertvolle Nährstoffe gehen bereits kurz nach der Ernte durch Transport und Lagerung verloren, die meisten dann aber in unseren Haushalten nach dem Einkauf. Für eine hochwertige Ernährung reicht der wöchentliche Großeinkauf im Riesenmarkt auf der grünen Wiese leider nicht!

Schonender Umgang mit wertvollen Lebensmitteln

Es wird gern verschwiegen, aber eine bewusste und vollwertige Ernährung braucht mehr Zeit – oder viel Organisationstalent. Deshalb gehen viele gute Ratschläge an der Realität vorbei. Gezielt und kritisch einzukaufen ist einfach Übungssache, für Qualität und Frische müssen Sie aber auch häufig einkaufen: Gemüse, Obst, Milchprodukte, Fleisch und Fisch sind nicht lange lagerfähig, ohne an Wert einzubüßen.

Transport und Lagerung

Zum Großeinkauf mit dem Auto sollten Sie sich eine Kühlbox in den Kofferraum stellen, und zwar nicht nur für Fleisch und Milchprodukte, sondern auch für Obst und Gemüse: Sonst können Sie selbst bei kurzer Fahrt schon unterwegs die Vitamine »verdampfen« sehen. Dass Tiefkühlkost unterwegs nicht antauen darf, sollte selbstver-

Wir verfügen nur noch selten über einen kühlen, dunklen Keller, der sich gut zur Lagerung vieler Lebensmittel eignet – dafür haben wir den Kühlschrank, den unsere Urgroßeltern im Sommer schmerzlich vermissten! Man muss ihn aber auch pflegen: häufig auswischen, rechtzeitig abtauen und die richtige Temperatureinstellung (zwischen +4 und +7 °C) wählen.

ständlich sein, man kauft sie am besten gezielt in größerer Menge, nachdem man zuvor durch die Mitnahme von Kühlelementen für sicheren Transport vorgesorgt hat.

Zu Hause sollten Sie sofort alles auspacken und verstauen:

- Fleisch und Fisch auspacken, kurz kalt abspülen, trocknen und lose mit Folie abgedeckt auf das unterste Tablett im Kühlschrank.
- Gemüse gegen Feuchtigkeitsverlust lose einschlagen und in das Gemüsefach des Kühlschranks (Tomaten, Avocados und Gurken bei Zimmertemperatur lagern, Kartoffeln im möglichst kühlen und dunklen Keller).
- Milchprodukte und Eier nehmen leicht Gerüche an, nicht neben stark duftenden Lebensmitteln im Kühlschrank lagern.
- Obst nur in kleinen Mengen in der Obstschale lagern, größere Mengen kühl und dunkel verstauen.
- Trockenprodukte und Öle kühl, dunkel und trocken in gut schließenden Behältern aufbewahren, Gewürze nicht über dem Herd im Kochdunst aufstellen.

Nährstoffverluste

Inhaltsverluste im Gemüse (in %):
- bedingt durch Umweltverschmutzung
- keine adäquate Lagerung der Lebensmitte
- mangelhafte Nahrungszubereitung

		im Schatten	im Sonnenlicht	
Kopfsalat	Vitamin C	11	39	Vitamin-C- und Beta-Carotin-Verlust durch dreistündige Lagerung
	Beta-Carotin	9	20	
Endivie	Vitamin C	30	51	
	Beta-Carotin	7	17	
Feldsalat	Vitamin C	26	63	
	Beta-Carotin	8	36	

		1. Tag	2. Tag	3. Tag	4. Tag	
Spinat	Vitamin C	12	45	50	56	Vitamin-C- Verlust durch normale Lagerung
Mangold	Vitamin C	16	55	82	87	
Grünkohl	Vitamin C	11	13	25	45	

		4 °C	13 °C	20 °C	
Spinat	Vitamin C	12	50	56	Einfluss der Temperatu auf Vitamin-C- Verluste
Kopfsalat	Vitamin C	16	82	87	

Obst und Gemüse verlieren rapide ihre wertvollen Nährstoffe, wenn sie zu lange oder falsch gelagert bzw. gegart werden.

So bleiben Sie fit am Arbeitsplatz

- **Planen Sie morgens etwas Zeit ein und nehmen Sie ein paar appetitlich belegte Vollkornbrote mit – probieren Sie auch mal die große Auswahl vegetarischer Aufstriche mit Tofu, dazu Streifen von frischen Paprika, Möhren, Kohlrabi.**
- **Auch ein Müsli mit Nüssen und Trockenfrüchten ist eine gute Wahl für den Mittagsimbiss, frisches Obst und Milch oder Joghurt können Sie noch an Ort und Stelle hinzufügen.**
- **Trinken Sie zwischendurch reichlich hochwertige Obst- und Gemüsesäfte, Mineralwasser und Früchte- oder Kräutertee.**
- **Gegen den »kleinen Hunger« oder Konzentrationstiefs sollten Sie Müsliriegel, Fruchtschnitten oder Nussmischungen knabbern.**

Qualitätsbewusst zubereiten

Die meisten Vitamine und viele andere Mikronährstoffe sind empfindlich gegen Licht, Wärme oder Sauerstoff. Langes Kochen oder Aufwärmen zerstören zu 100 Prozent Vitamin C und Folsäure, aber auch die Vitamine B1, B2, B5 und Biotin werden rasch und weitgehend dabei abgebaut. Kurze Zubereitungszeiten und baldiger Verzehr sind deshalb oberstes Gebot, um wirklich in den Genuss der kostbaren Nährstoffe zu kommen. Kantinenessen und Fastfood sind deshalb niemals vollwertig und höchstens ein Notbehelf.

Schonende Zubereitungsarten sind:

- Gemüse und Salate erst kurz vor der Zubereitung putzen, waschen und zerkleinern, nicht lange an der Luft herumstehen lassen.
- Dämpfen, dünsten, blanchieren oder grillen sind besser als braten, schmoren und frittieren.
- Backen Sie auch bei möglichst niedriger Temperatureinstellung.

Machen Sie es sich zur Gewohnheit, am Arbeitsplatz eine Obstschale aufzustellen, um immer einen gesunden Imbiss bereit zu haben. Mit einem kleinen Zwischenstopp beim Obststand auf dem Weg zur Arbeit können Sie täglich frisch auffüllen – und vergessen Sie dabei nicht den »Schwund« durch Kollegen und Besucher!

»Sage mir, was du isst, und ich sage dir, wer du bist« – sicherlich kennen Sie diesen Spruch. Umgekehrt kann man aber auch von der Konstitution eines Menschen darauf schließen, welches Essen für ihn am bekömmlichsten ist.

Ihr schmeckts – und auch Ihnen, wenn Sie typgerecht essen, statt schematische Essensvorschriften zu befolgen.

Jedem das Seine – essen Sie individuell!

Bestimmt haben Sie auch schon so eine Erfahrung gemacht: Sie treffen nach längerer Zeit eine Freundin oder Bekannte, die sichtlich verjüngt, beschwingt und vielleicht auch ein paar Pfündchen leichter wirkt. Als gute Freundin verrät sie auch ihr Geheimnis: Nur noch Obst zum Frühstück oder literweise Sauermilchprodukte oder eingeweichte Körner oder ... – jedenfalls ein Ernährungstipp, der ihr super bekommt.

Klar, dass Sie das auch wenigstens mal probieren, nur: Bei Ihnen funktioniert's einfach nicht! Das Obst auf nüchternen Magen macht Sodbrennen, die Sauermilch versäuert auch Ihr Gemüt, die Körner blähen und liegen wie Schrotkugeln im Magen. War also alles fauler Schwindel? Vermutlich sind Sie einfach ein anderer Typ als Ihre Freundin, und das nicht nur äußerlich, in Ihren Gewohnheiten und Ihrem Lebensstil, sondern auch in dem, was Ihnen beim Essen gut bekommt und was eben nicht.

Lernen Sie Ihren Ernährungstyp kennen

Die zuvor geschilderten Grundprinzipien gesunder Ernährung und hochwertiger Lebensmittel sollen nicht zu einer »supergesunden« Einheitskost führen – die gibt es nämlich nicht. So wie Ihr Bewegungstraining ganz individuell auf Sie zugeschnitten werden muss, um Ihnen wirklich gut zu tun, so sollte auch Ihre Ernährung darauf abgestimmt sein, welcher Esstyp Sie sind. Die Geschäftsführerin der Reformhaus-Fachakademie Marlis Weber und der Ernährungswis-

senschaftler, Dozent und Diplomsportlehrer Bernd Küllenberg haben diesen ganzheitlichen Ansatz zu einer individuellen gesunden Ernährung weiter verfolgt und daraus eine »Typenlehre« entwickelt. Mit ihrer Hilfe können Sie eine »maßgeschneiderte« Lebensmittelauswahl treffen – oder auch herausfinden, warum Ihnen dies oder das gar nicht bekommt, obwohl es doch »so gesund« sein soll.
Auf Seite 168f. finden Sie Tests, mit denen Sie Ihren Ernährungstyp bestimmen können.

Der Bewegungstyp

Er liebt alles Frische und Knackige, Obst und Gemüse als Rohkost sind für ihn immer richtig. Gut so, denn er braucht auch reichlich Vitamine, Mineralstoffe und schützende weitere Mikronährstoffe, weil er durch sein Temperament einen erhöhten Bedarf hat. Bewegungstypen sollten ihren Energiebedarf vorrangig mit vollwertigen kohlenhydratreichen Lebensmitteln wie z. B. Vollkornbrot, Kartoffeln, Getreideprodukten und Teigwaren decken. Kalorien- und Fettkontrolle ist bei Bewegungstypen nicht so wichtig, doch sollte die Qualität von Lebensmitteln unbedingt stimmen. Kleine Snacks für zwischendurch sind besonders für den aktiven Typ wichtig. Nüsse als »Powerfood« für die grauen Zellen sind für ihn gut geeignet, auch um seine Energiereserven frisch aufzutanken.

Typisch Bewegungstyp

- mittlerer, wohlproportionierter Körperbau
- helle Haut, sonnenempfindlich
- gute Verdauung
- scharfer Verstand
- zielstrebig
- gute Führungseigenschaften
- sucht Herausforderungen
- ist leicht ungeduldig
- neigt zu Zornesausbrüchen

Bewegungstypen können meist gut eine Extradosis Magnesium brauchen. Das Mineral wirkt beruhigend, entkrampfend und blutdrucksenkend; außerdem hilft es gegen Stresssymptome, die bei diesem Typ häufig auftreten.

Der Nachschub muss stimmen für den Bewegungstyp. Er braucht häufig eine Zwischenmahlzeit, um seinen hohen Energiebedarf zu decken.

Ein Fitnessdrink für den Bewegungstyp: 100 ml Möhrensaft, 200 ml Aprikosennektar, Saft von 1 Zitrone, 1 EL Erdnussmus, 1 Schuss Mineralwasser miteinander verquirlen, mit Melisseblättern garnieren und gut gekühlt servieren.

Tipps für den Speisezettel

Gut bekommen dem Bewegungstyp kräftige, deftige Gerichte, kohlenhydratreiche Lebensmittel und viel Rohkost. Deftig heißt aber nicht sehr fett und schwer, auch sollte das Essen nicht übermäßig eiweißreich sein. Hüten sollte sich der Bewegungstyp auch vor sehr salzreichen Lebensmitteln. Kalte Getränke (nicht eiskalt) verträgt er gut. Insgesamt sollte er sich genug Zeit zum Essen nehmen und auf den Schadstoffgehalt von Lebensmitteln achten.

- **Zum Frühstück** Frischkornbrei, kräftige Vollkornbrotsorten, pikante Brotaufstriche
- **Zur Hauptmahlzeit** Salate, Rohkost, deftige Eintöpfe, kräftige Gemüse (z. B. Paprika, Kohlsorten, Kartoffeln)
- **Als Snack** Studentenfutter, Nuss- und Fruchtschnitten, Trockenfrüchte

Der Empfindungstyp

Gut verträglich und leicht verdaulich – das ist die Devise für die Lebensmittelauswahl des Empfindungstypen. Suppen sind z. B. ideale Gerichte für ihn, aber auch leichte, fein geschnetzelte Salate, schonend gedünstetes Gemüse und Kartoffeln in allen gekochten Variationen. Vollkorn verträgt er am besten fein strukturiert, z. B. als Vollkorntoast oder feine Getreideflocken. Gut tun ihm Milchprodukte jeder Fettstufe. Bei gekochten Speisen sollte er aber mit Fett sparsam umgehen. Frittiertes und Fettgebackenes bekommen seinem Magen und Darm nicht besonders, und sie sollten nur selten auf den Teller kommen. Auch Kaffee und schwarzer Tee sind dem leicht nervös veranlagten Empfindungstyp nicht zu empfehlen. Er sollte aber viel trinken, am besten Kräuter-, Früchte- und grünen Tee sowie Obstsaftschorlen. Für zwischendurch eignen sich besonders gut getrocknete Früchte in allen Variationen sowie Fruchtschnitten.

Typisch Empfindungstyp

- zarter, feingliedriger Körperbau
- neigt zu Untergewicht
- unregelmäßige Verdauung und Appetit, neigt zu Verstopfung
- handelt rasch und impulsiv
- neigt zu Schlafstörungen
- ist begeisterungsfähig, ideenreich
- vergisst rasch
- ist leicht erregbar, wechselnde Gemütslage
- greift schnell neue Informationen auf
- ermüdet schnell, neigt zu Nervosität und Hyperaktivität
- geistige und körperliche Energie kommt in Schüben

Tipps für den Speisezettel

Warme Gerichte bekommen dem Empfindungstyp besser als Rohkost, z. B. Milchgerichte, Suppen und Getreidebreis. Allgemein sollte er sparsam mit Fett beim Kochen umgehen und gut verdauliche Lebensmittel bevorzugen. Grobe Vollwertkost wie Hülsenfrüchte oder Frischkornbrei können ihm Magen- und Darmbeschwerden verursachen, ebenso eiskalte Getränke.

Wichtig sind für ihn regelmäßige Mahlzeiten und eine ruhige, harmonische Atmosphäre beim Essen.

- **Zum Frühstück** warme Getreidespeisen (z. B. Hafer- oder Hirsebrei), feines Müsli, Vollkorntoast oder Grahambrot, fruchtige Brotaufstriche, Nussmuse
- **Zur Hauptmahlzeit** Suppen, feines Gemüse (z. B. Erbsen, Möhren, Fenchel, Zucchini, Auberginen, gekochte Kartoffeln), Sahne oder kaltgepresste Öle zur Verfeinerung verwenden, Quarkspeisen, Pürees, Pudding
- **Als Snack** Trockenfrüchte, Nuss- und Fruchtschnitten, feine Vollkornkekse

Empfindungstypen haben oft trockene und empfindliche Haut. Pflegende Öl- oder Molkebäder lindern Reizungen. Die Gesichtshaut sollten Sie gegen Kälte, Wind und zuviel Sonne gut schützen durch fett- und feuchtigskeitsspende Cremes – und außerdem: Immer reichlich trinken!

Fruchtige Quark- und Cremespeisen tun dem Empfindungstyp gut, sie sollten nur nicht allzu fett sein.

Typisch Entspannungstyp

- kraftvoller Körperbau
- langsame Bewegungen
- neigt zu Trägheit
- langsame Verdauung
- nimmt Neues langsam auf
- brütet lange über Entscheidungen
- ist schwer aus der Fassung zu bringen
- widerstandsfähig gegen Krankheiten
- liebt gutes Essen und Trinken
- neigt zu tiefem, langem Schlaf
- gutes Langzeitgedächtnis

Bloß keine Radikaldiäten! Der Entspannungstyp neigt zu Übergewicht und möchte es dann ruckzuck loswerden, um nicht allzu lange das zu entbehren, was er doch so gerne isst. Eine behutsame Umstellung auf Leichtes ohne viel Genussverzicht bringt aber dauerhafteren Erfolg.

Der Entspannungstyp

Er ist ein wahrer Genießer und verträgt eigentlich jedes Lebensmittel gut. Sein Appetit ist schnell geweckt, leider neigt er aber dazu, überschüssige Kalorien in Körperfett umzusetzen. Damit das nicht ausufert und seine Leistungsfähigkeit und Energie erhalten bleiben, sollte er auf hohe Fett- und Kaloriengehalte verzichten und z. B. bei Milchprodukten eher die halbfetten bis mageren Sorten wählen. Um satt zu werden, sind vor allem Lebensmittel mit vielen Ballaststoffen und hoher Nährwertdichte geeignet; ideal sind Obst und Vollkornprodukte zu den Mahlzeiten.

Leichte Pausensnacks für den Entspannungstyp sind z. B. Reiswaffeln, Fruchtschnitten oder geröstete Sojakerne. Gut bekommen ihm auch gelegentliche Molke- oder Gemüsesafttage, die seinen Stoffwechsel in Schwung bringen und frische Energiekicks geben.

Tipps für den Speisezettel

Prima bekommen dem Entspannungstyp scharfe und würzige Gerichte, auch knackige Rohkost und viel frisches Obst. Im Auge behalten muss er allerdings seine Neigung zu Süßem, sehr fetten und kalorienhaltigen Mahlzeiten. Er sollte den Schritt vom Gourmand (der gern und viel isst) zum Gourmet (der gern und ausgewählt isst) vollziehen, bewusst und langsam seine Mahlzeiten genießen und auf hohe Qualität seiner Lebensmittel achten.

- **Zum Frühstück** eventuell nur Obst, Knäckebrot, fruchtige Brotaufstriche
- **Zur Hauptmahlzeit** Rohkost vorweg, wenig Fleisch, wasserreiche Gemüse (z. B. Tomaten, Gurken, Paprika), Obst zum Dessert, Zitrusfrüchte, Obstgrütze
- **Als Snack** Reiscracker, Gemüsedips, Apfelchips, Vollkornkekse

Sind Sie ein Mischtyp?

Viele Menschen vereinen in sich die Charakteristika verschiedener Ernährungstypen, aber in der Regel gibt es eine vorwiegende Tendenz. Die kann allerdings phasenweise auch mal wechseln, aber es ist kein Problem, seine Ernährung dem anzupassen.

- **Der Empfindungs-Bewegungstyp** Ist etwas muskulöser als der Empfindungstyp, bewegt sich gern und viel. Er ist physisch und psychisch belastbarer und beständiger und profitiert von der guten Verdauung des Bewegungstyps. Übergewicht ist beim ihm so gut wie ausgeschlossen.
- **Der Empfindungs-Entspannungstyp** Ein »zarterer« Entspannungstyp mit mehr innerer Ruhe und Ausgeglichenheit als der reine Empfindungstyp. Seine Verdauung ist eher schwach, und er kann leichtes Übergewicht ansetzen.
- **Der Bewegungs-Entspannungstyp** Der geborene Schwerathlet mit Körperfülle und Muskelkraft. Innere und äußere Stabilität kombiniert mit Dynamik ergeben eine robuste Konstitution und hervorragende Gesundheit. Gewichtsprobleme gibt es nur, wenn der Bewegungstyp ins Hintertreffen gerät.

Der Entspannungstyp neigt zu Problemen mit Venen und Arterien, besonders, wenn er stark übergewichtig ist. Vorbeugendes Bewegungstraining und ausreichende Versorgung mit den Spurenelementen Chrom und Zink sind für ihn wichtig.

Lebensqualität bedeutet auch: Ganz man selbst sein, auch beim Essen. Lassen Sie sich nicht eine Schablone pressen, die für Sie nicht passt!

Welcher Ernährungstyp sind Sie?

Mit Hilfe der folgenden drei Tests ermitteln Sie, ob Sie ein Empfindungs-, Bewegungs-, Entspannungstyp oder ein Mischtyp sind. Ermitteln Sie die jeweilige Gesamtpunktzahl in den Tests A, B und C. Liegen Sie in einem der Tests bei einer Punktzahl über 60, tendieren Sie stark zu dem jeweiligen Typus. Je höher die Punktzahl, desto stärker entsprechen Sie dem Typ. Mischtypen liegen in mehreren Kategorien bei 60 Punkten oder höher.

Test A	trifft zu	trifft eher nicht zu	teils, teils	trifft eher zu	trifft voll zu	Punkte
1. Ich handle schnell.						
2. Ich kann einmal Gelerntes schlecht auf lange Zeit behalten.						
3. Ich bin lebhaft und begeisterungsfähig.						
4. Ich kann Neues schnell aufnehmen.						
5. Ich habe einen leichten Gang.						
6. Ich handle spontan.						
7. Mein Knochenbau ist leicht und feingliedrig.						
8. Meine Haut neigt zu Trockenheit.						
9. Ich bin eher schlank und nehme schwer zu.						
10. Ich ertrage kaltes Wetter weniger gut als andere Menschen.						
11. Ich gelte bei meinen Freunden als sehr gesprächig.						
12. Meine Stimmungen wechseln schnell.						
13. Meine Bewegungen sind rasch und aktiv.						
14. Ich reagiere eher gefühlsbetont.						
15. Ich bin geistig rege und sprudle vor Ideen über.						
16. Meine Energie kommt in plötzlichen Schüben.						
17. Ich bin leicht erregbar.						
18. Ich esse und schlafe unregelmäßig						
19. Ich fühle mich häufig rastlos.						
20. Ich kann mich schwer entscheiden.						

Test B	trifft zu	trifft eher nicht zu	teils, teils	trifft eher zu	trifft voll zu	Punkte
21. Ich handle gewöhnlich langsam und ohne Hektik.						
22. Ich nehme leichter zu und schwerer ab als andere.						
23. Ich bin ruhig und gerate selten aus der Fassung.						
24. Sport ist nicht so sehr mein Fall.						
25. Ich bin eher sparsam.						
26. Ich brauche mindestens acht Stunden Schlaf pro Nacht.						
27. Ich habe einen guten Schlaf.						
28. Ich rege mich selten auf.						
29. Ich kann einmal Gelerntes auf lange Zeit behalten.						

	trifft zu	trifft eher nicht zu	teils, teils	trifft eher zu	trifft voll zu	Punkte
30. Ich neige zu Körperfülle.						
31. Kaltes und feuchtes Wetter ist mir zuwider.						
32. Mein Energiepegel ist ausgeglichen.						
33. Ich habe eine weiche und glatte Haut.						
34. Ich habe einen kräftigen Körperbau.						
35. Ich bin von Natur aus sanftmütig.						
36. Ich bin sehr ordnungsliebend.						
37. Ich habe eine gute Ausdauer und Widerstandskraft.						
38. Ich gehe langsam und gemessen.						
39. Ich schlafe lange und komme morgens nur schwer in Gang.						
40. Ich gehe bei allen Tätigkeiten langsam und methodisch vor.						

Test C	trifft zu	trifft eher nicht zu	teils, teils	trifft eher zu	trifft voll zu	Punkte
41. Ich halte mich für sehr effizient.						
42. Ich bin bei allem, was ich tue, sehr genau und ordentlich.						
43. Ich habe einen starken Willen und kann mich gut durchsetzen.						
44. Bei heißem Wetter fühle ich mich unwohl oder müde.						
45. Bei sportlichen Tätigkeiten schwitze ich leicht.						
46. Ich bin schnell gereizt oder verärgert.						
47. Meine Haut wird schnell rot.						
48. Ich neige zu Haarausfall.						
49. Ich neige zu Sommersprossen.						
50. Ich habe einen kräftigen, athletischen Körperbau.						
51. Ich bin sehr freiheitsliebend.						
52. Ich verliere leicht die Geduld.						
53. Ich neige zum Perfektionismus.						
54. Ich brause schnell auf, vergesse aber auch schnell wieder.						
55. Ich bin bei der Durchsetzung meiner Ziele sehr beharrlich.						
56. Ich empfinde die Temperatur in einem Raum eher als zu warm.						
57. Ich bin schon morgens fit.						
58. Ich bin nicht immer so tolerant, wie ich sein sollte.						
59. Ich brauche Herausforderungen in meinem Leben.						
60. Ich bin anderen Menschen gegenüber kritisch eingestellt.						

Die Auswertung

- 60 oder mehr Punkte in Test A: Empfindungstyp
- 60 oder mehr Punkte in Test B: Entspannungstyp
- 60 oder mehr Punkte in Test C: Bewegungstyp
- Wenn Sie in mehreren Testbereichen (A, B oder C) 60 Punkte oder mehr erreicht haben, sind Sie ein Mischtyp mit entsprechender Gewichtung auf dem Typus, bei dem Sie die meisten Punkte addieren konnten.

Nahrungsergänzungsmittel – die einen schwören drauf, die anderen halten sie pauschal für überflüssig. Wir sagen Ihnen, warum es sinnvoll sein kann, zusätzlich Mikronährstoffe zuzuführen und worauf Sie dabei achten müssen.

Gezielt Nährstoffmängel wirksam ausgleichen

Der Bedarf wird oft unterschätzt

mistral

Gesünder als gesund geht nicht – aber das ist auch gar nicht das Ziel, wenn wir die zusätzliche Einnahme von Mikronährstoffen empfehlen. Trotz unseres Überflusses an Nahrungsmitteln leiden wir dennoch häufiger als vermutet an gravierenden Versorgungsmängeln.

Mikronährstoffe – so fehlt es Ihnen an nichts

Ohne ausreichende Versorgung mit Vitaminen, Spurenelementen und Mineralstoffen kann von gesteigerter Lebensqualität keine Rede sein – soweit sind sich Ernährungswissenschaftler einig. Die Grundlage dafür ist eine ausgewogene, vollwertige Ernährung, ausreichend Bewegung an frischer Luft und ein Lebensstil, der für gesunden Wechsel zwischen An- und Entspannung sorgt. Damit haben Sie ein hervorragendes Rezept, um sich rundum wohl zu fühlen – leider können nach neuen Erkenntnissen dennoch wichtige Nährstoffe fehlen. Es kommt zwar heute kaum noch zu so gravierenden und einfach erkennbaren Vitaminmangelkrankheiten wie früher, z. B. Skorbut (Vitamin-C-Mangel) oder Rachitis (Vitamin-D-Mangel), aber viele lästige Befindlichkeitsstörungen deuten auf eine Unterversorgung mit einzelnen Mikronährstoffen hin.

Die Landwirte ernten immer mehr »Mogelpackungen«

Das bezieht sich nicht nur auf unlautere Tricks der Werbung, sondern auch »Mutter Natur« liefert längst nicht mehr in der erwarteten Qualität und Nährstoffdichte: Ein Apfel sieht immer noch aus wie ein Apfel – ob er aber Vitamine und sekundäre Pflanzenstoffe in der Menge enthält, wie es Nährwerttabellen voraussetzen, ist mindestens fragwürdig. Dass unsere Lebensmittel nährstoffärmer geworden sind, kann man schon länger feststellen, nur die Gründe dafür sind nicht recht klar. Es gibt aber inzwischen einige neue Erkenntnisse zu diesem Thema.

Der »Treibhauseffekt«

Im Oktober 2002 berichtete der Biologe Irakli Loladze von der Princeton University in New Jersey über seine Forschungen über die zunehmenden Verluste von Nährstoffen in unseren Nahrungsmitteln (in »Trends of Ecology & Evolution«, Oktober 2002). Dieser Substanzverlust sei seit Jahrzehnten weltweit zu beobachten und werde durch die steigenden Kohlendioxidwerte in unserer Atmosphäre (»Treibhauseffekt«) verursacht. »Schon heute ist unsere Nahrung vielfach extrem arm an so genannten Mikronährstoffen oder Spurenelementen wie Eisen, Jod, Zink etc. Diese Nährstoffarmut wird mit steigendem CO_2-Gehalt immer größer«, erklärt der Biologe. Nach seinen Untersuchungen kommt es zu zwei wesentlichen Prozessen:

- Der vermehrte CO_2-Ausstoß fördert das Wachstum der Pflanzen und somit die Ernteerträge. Die »Biomasse« Pflanze erhöht sich durch vermehrte Kohlenhydrate. Dies führt deutlich zur Abnahme von Spurenelementen und anderen Mikronährstoffen in der ganzen Pflanze (insbesondere Getreidekörnern).
- Auch schränkt das erhöhte CO_2-Angebot die Wasserverdunstung der Pflanzen ein; es wird weniger Wasserdampf über die Blätter abgegeben und weniger Wasser aus dem Boden aufgenommen. Der verminderte Wasserhaushalt führt zu einer geringeren Verfügbarkeit von z. B. Eisen, Magnesium und Zink aus dem Boden.

Studienergebnisse zeigen, dass bei Verdoppelung des CO_2-Gehalts der Luft bereits nach einem halben Jahr die Verluste an Mikronährstoffen durch den »Treibhauseffekt« erheblich sind. Wir sind aber bereits seit 150 Jahren industrialisiert, so dass die Nährstoffverluste real weit höher liegen – und das gilt leider im selben Maße für biologisch angebaute Nahrungsmittel.

Angenommene Nährwerte sind überholt

Dieser Problemkreis ist noch wenig untersucht, aber bisherige Ergebnisse sind alarmierend: In einer Studie von 1997 wurde der Gehalt an Spurenelementen in Reis analysiert, der unter doppelter CO_2-Konzentration herangewachsen war. Danach enthielten die Reiskörner 5 Prozent weniger Phosphor, 17 Prozent weniger Eisen und 28 Prozent weniger Zink. Ein Experiment mit Weizenkörnern (siehe Grafik)

Die Grafik zeigt den erschreckenden Schwund an Spurenelementen durch den »Treibhauseffekt« am Beispiel von Weizen.

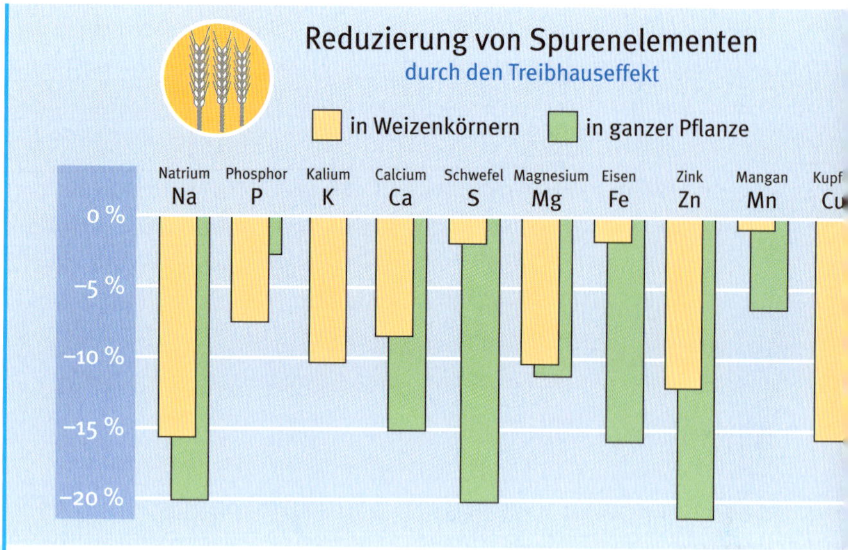

Auch der Einsatz von Kunstdünger in großem Stil trägt dazu bei, dass Böden und in der Folge auch die auf ihnen wachsenden Nahrungsmittel einen schwindenden Gehalt an Mineralstoffen aufweisen. Hier ist biologischer Anbau ganz eindeutig überlegen.

führte zu ähnlichen Ergebnissen. Bei der Vorstellung einer dieser Studien (Latussek in »Welt am Sonntag« vom 22.9.2002) kamen auch Versuche an Wildpflanzen zur Sprache, die zeigten, dass nicht nur in den Samen, sondern im ganzen Pflanzenkörper der Gehalt an Spurenelementen zurückgeht, also auch z. B. Salat, Kartoffeln und Weißkohl immer weniger Nährstoffe enthalten.

Kunstdünger ließ Böden verarmen

Der englische Wissenschaftler David Tomas aus Sussex untersuchte verschiedene Obst- und Gemüsesorten und verglich die Ergebnisse mit Daten aus den frühen 1940er Jahren: Die Anteile lebenswichtiger Mineralien gingen in diesem Zeitraum bei einigen Sorten um weit mehr als 50 Prozent zurück. Er sieht die Ursachen dafür u. a. im Einsatz von Kunstdünger, der das Wachstum der Nutzpflanzen fördere, aber keine Mineralien mitliefere und so zur Verarmung der Böden beitrage (British Food Journal 1997). »Wir sterben hauptsächlich an Herzkrankheiten und Krebs. Der Rat der Ärzte lautet aber, dass wir mehr Obst und Gemüse essen sollen. Doch was hilft uns das, wenn wir die Pflanzen verändern, die ursprüngliche Prophylaxe waren? Die Züchter haben Produkte entwickelt, die hübsch aussehen, gegen Krankheiten resistent und erstaunlich lange lagerungsfähig sind. Doch das Wertvollste haben sie vernachlässigt – die Mineralien und Spurenelemente«, kommentierte der Ernährungsexperte Professor Tim Lang von der Thames Valley University die Studie.

Zu lange hieß die Devise »Quantität statt Qualität« in der Landwirtschaft, mit immer höheren Erträgen, größeren und schöneren Früchten. Aber ähnlich wie zwischen dem Aroma einer Walderdbeere und einer Riesenbeere moderner Züchtung ein himmelweiter Unterschied besteht, haben auch bei vielen Gemüsearten Geschmack und Nährstoffgehalt trotz attraktiven Aussehens sehr stark gelitten.

Mängel sind häufig

Ausgehend von seit langem ungeprüften Nährwerttabellen, wird immer noch vielfach behauptet, eine gesunde Ernährung reiche völlig aus, um alle wichtigen Nährstoffe zu bekommen. Die speziellen zellulären Blutuntersuchungen, die wir für die Bertelsmann Stiftung bei 310 Versuchsteilnehmern durchführten, zeigten ein anderes Bild: Mehr als die Häfte der Untersuchten (vorwiegend sportlich inaktive Menschen zwischen 18 und 65 Jahren) wiesen erhebliche Defizite in der Versorgung mit Magnesium, Selen, aber auch mit Zink auf. Mittlerweile bestätigen weitere Untersuchungen an 1500 Menschen aus allen Berufen diese Ergebnisse. Außerdem erhöht sich der Bedarf an Mikronährstoffen bei körperlichem Training erheblich.

Defizite werden nicht erkannt

Wenn überhaupt, werden Vitamine und Spurenelemente in der Regel im Blutserum gemessen. Dabei wird aber nicht die reale Versorgung mit Mikronährstoffen in der Zelle kontrolliert. Im Blutserum ist erst ein Abfall der Werte erkennbar, wenn bereits charakteristische Mangelsymptome oder sogar Gewebe- und Organschäden eingetreten

Erste Voruntersuchungen im Rahmen eines Pilotprojekts zeigen, dass gerade eine ausreichende Zinkversorgung (durch Zink, das an die Aminosäure Histidin gebunden ist) die Beschwerden von Neurodermitikern, Asthmatikern und infektanfälligen Menschen erheblich reduzieren kann.

sind. Es können aber schon lange latente Unterversorgungen bestehen, ohne dass Sie ein akutes gesundheitliches Problem bemerken. Nach unserem Verständnis führt der Weg zu mehr Lebensqualität über die Aufrechterhaltung bzw. Stabilisierung der Gesundheit und nicht über eine »Symptombehandlung«, wenn bereits Beschwerden vorliegen. Dies schließt nicht aus, dass sich erstaunliche Besserungen von akuten Gesundheitsproblemen einstellen können, wenn ein zellulärer Nährstoffmangel behoben wird.

Pollenallergie – ein Nährstoffmangelsymptom?

Bei unseren Untersuchungen wiesen zahlreiche Hochleistungssportler eine erhebliche Unterversorgung an zellulären Mikronährstoffen auf. Nun waren die Sportler auch Pollenallergiker, die natürlich durch Symptome wie Schnupfen, gereizte Augenbindehaut oder gar Asthmaanfälle erheblich beeinträchtigt wurden. Nach Zufuhr von qualitativ hochwertigen Mikronährstoffen konnten nach drei Monaten deutliche Verbesserungen beobachtet werden, in den folgenden Jahren reagierten sogar 80 Prozent der untersuchten Sportler kaum noch auf Pollenallergene.

Unsere Erfahrungen mit der zellulären Messung von Mikronährstoffen geben deutliche Hinweise darauf, dass die zunehmenden allergischen Reaktionen bei Kindern und Erwachsenen wahrscheinlich verursacht werden durch:

- die Zufuhr qualitativ unzureichender Lebensmittel mit zum Teil hohen Schadstoffbelastungen,
- zunehmende Defizite in der Versorgung mit elementaren Mikronährstoffen,
- größere Schadstoffbelastungen in der Umwelt.

Diese Erfahrungswerte weisen auf das doppelte Ziel: optimierte Ernährung und gezielte Nahrungsergänzung.

Das erhöht den Bedarf an Mikronährstoffen

ohne bestehende Erkrankung:
- Raucher, Alkoholkonsumenten
- stark Gestresste
- Freizeitsportler
- Sonnenanbeter
- Diäthaltende
- strenge Vegetarier (Veganer)
- Umweltbelastete (Lärm, Abgase)
- Amalgamplombenträger
- Senioren und Jugendliche
- Schwangere
- Frauen, die die Pille nehmen

mit bestehender Erkrankung:
- Infarkt oder Schlaganfall
- hohe Blutfettwerte
- Diabetiker
- Bluthochdruck
- Rheumatiker
- Augenerkrankungen (Katarakt, Makuladegeneration)
- Vorstufen von Krebs/Tumoren
- hoher Arzneimittelverbrauch
- Asthmatiker
- Allergiker

Gezielt und individuell ergänzen

Pauschale Normwerte für die Zufuhr von Mikronährstoffen sind schwer zu treffen, viele frühere Normen mussten nach unseren Erfahrungen modifiziert oder neu festgesetzt werden. So stellten wir z. B. fest, dass Menschen mit häufigen Verspannungen im Nackenbereich oft zelluläre Defizite von Magnesium aufwiesen. Mit 450 Milligramm reinem Magnesium über den Tag verteilt eingenommen ließen sich die Beschwerden erheblich mindern. Dann hat jeder Mensch einen individuellen Bedarf, der sich vielleicht einmal in fernerer Zukunft durch neu entwickelte Genforschungen genau bestimmen lassen wird. Dieser Bedarf ist auch je nach Lebensstil und Gesundheitszustand noch veränderlich (siehe Kasten). So können zwar persönliche Empfehlungen je nach Ausgangsvoraussetzung des Einzelnen, nicht jedoch ein exakter Bedarf angegeben werden.

Die Belastung des Organismus durch freie Radikale ist messbar durch eine Urinprobe (morgens vor körperlicher Aktivität) oder durch eine Blutuntersuchung: Dabei kann nicht nur die Belastung (oxidative Stressparameter), sondern auch die antioxidative Kapazität gemessen werden (die allerdings starken Schwankungen unterliegt).

Nach etwa drei Monaten kann der zelluläre Status der Mikronährstoffe bereits so weit verbessert sein, dass es ausreicht, jeden zweiten Tag die Nahrung zu ergänzen. Dann sollte man allerdings regelmäßig Kontrollmessungen machen lassen.

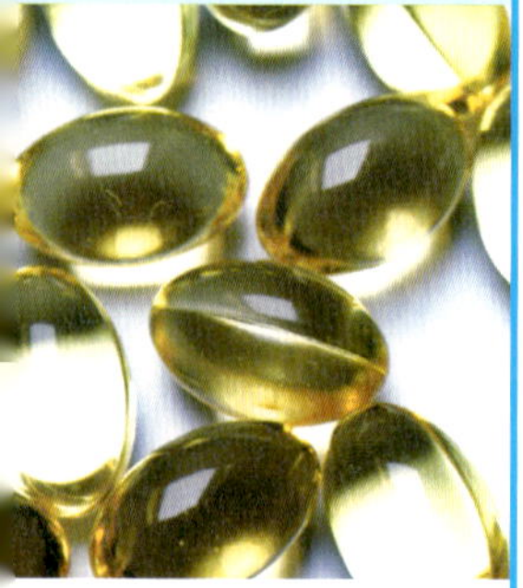

Kaufen Sie nicht »irgendwelche« Vitaminpillen. Nur die gezielte Einnahme von Mikronährstoffen bringt sicht- und spürbaren Erfolg.

Mikronährstoffe praktisch

Vollwertige Ernährung und viel Bewegung halten fit und sind auf keinen Fall durch die Zufuhr von Nahrungsergänzungsmitteln zu ersetzen. Doch es gibt reichliche Ursachen, warum es dennoch zu einem Defizit bestimmter Mikronährstoffe kommen kann. Greifen Sie aber nicht einfach zu x-beliebigen Kombinationspräparaten oder gar »mit allen wichtigen Vitaminen« angereicherten Bonbons oder Limonaden – die sind zwar relativ billig, im Hinblick auf den Nutzen aber dennoch zum Fenster hinausgeworfenes Geld. Die klarste Aussage darüber, welche Stoffe Ihnen möglicherweise fehlen, gibt Ihnen eine Überprüfung Ihrer zellulären Versorgung, insbesondere im Hinblick auf die Werte von Magnesium, Zink, Selen und der B-Vitamine. Wo Sie so eine Untersuchung durchführen lassen können, erfahren Sie im Anhang, Seite 205. Erste Hinweise auf mögliche Nährstoffmängel gibt Ihnen auch unser Check auf den Seiten 180ff.

Erwarten Sie nicht Wunder über Nacht

Der Ausgleich nachgewiesener Nährstoffmängel hat eindeutig positive Auswirkungen auf Ihre Lebensqualität – aber vielleicht nicht ganz so schnell, wie Sie das wünschen. Die Auffüllung der zellulären Speicher mit Vitaminen, Mineralstoffen und Spurenelementen kann bis zu vier Monate dauern. Ist auch dann nach erneuter Untersuchung keine Besserung der Werte erreicht, so kann:

- die Dosierung der Mikronährstoffe zu niedrig sein,
- das Ernährungsverhalten sich nicht positiv verändert haben,
- die mangelnde Aktivität der Magen-Darmflora die Aufnahme wichtiger Mikronährstoffe verhindern, oder
- ein Magen-Darmpilz (z. B. Heliobacter pylori) vorliegen, der die Aufnahme von Mikronährstoffen deutlich einschränken kann.

Vitalstoffe gegen Pollenallergie

Nach unseren Erfahrungen kann eine Grundversorgung mit folgenden Mikronährstoffen die Symptome einer Pollenallergie deutlich lindern:

- **1,5 Gramm Vitamin C mit Bioflavonoiden in retardierter Form morgens und mittags oder durch z. B. Acerola-Lutschtabletten dreimal 500 Milligramm über den Tag verteilt**
- **45 Milligramm reines Zink in drei Dosen von je 15 Milligramm über den Tag verteilt (optimal: Zink gebunden an die Aminosäure Histidin wegen der besseren biologischen Verfügbarkeit, aber auch andere Zinkverbindungen sind möglich.)**
- **200 Milligramm Vitamin E (möglichst biologisches Vitamin E-d-alpha-Tocopherol, 1 Milligramm entspricht 1,5 internationalen Einheiten)**
- **150–200 Mikrogramm Selen (optimal proteingebundene Selenverbindungen aber auch Selenhefeverbindungen sind eine Alternative).**

Was Sie beachten sollten

Die isolierte Zufuhr verschiedener Mikronährstoffe macht wenig Sinn, denn sie sind Teamarbeiter, die sich in ihrer Wirkung ergänzen, aber auch behindern können. So zeigen wasserlösliche Radikalefänger wie z. B. Vitamin C ihre Schutzfunktion vor allem im Blut und anderen Körperflüssigkeiten, während das fettlösliche Vitamin E an der Stabilität der Zellmembran beteiligt ist – die beiden Stoffe ergänzen sich also. Dagegen kann die gleichzeitige Einnahme von Zink, Eisen und Kupfer die Zinkaufnahme behindern.

- Fettlösliche Vitamine (E, D, K und A) können gespeichert werden, wasserlösliche (B, C) dagegen sollten über den Tag verteilt eingenommen werden.
- Beachten Sie die Deklaration der Inhaltsstoffe, so entsprechen z. B. 69 Milligramm Zinksulfat nur 25 Milligramm reinem Zink.

Immer wieder wird bezweifelt, ob der Organismus Mikronährstoffe in konzentrierter Form überhaupt in höherem Maß aufnimmt und verwertet. Dies kann man durch Messung kontrollieren – aber es erwies sich auch eine um 30 Prozent verbesserte Aufnahmefähigkeit, wenn man gleichzeitig viel frisches Obst isst.

Check – Sind Sie ausreichend mit Mikronährstoffen versorgt?

Addieren Sie Ihre Punkte bei den einzelnen Fragen – nur eine Antwort ist zulässig.

1. Haben Sie muskuläre Verspannungen, z. B. im Bereich der Halswirbelsäule?

1 ❑ selten
2 ❑ ab und zu
3 ❑ nach längeren Sitzungen
4 ❑ regelmäßig mehrmals in der Woche
5 ❑ jeden Tag

2. Verspüren Sie im Laufe des Tages Phasen innerer Unruhe?

1 ❑ selten
2 ❑ ab und zu
3 ❑ häufiger in der Woche
4 ❑ jeden Tag
5 ❑ mehrmals am Tag

3. Schlafen Sie schlecht ein, oder werden Sie früh wach?

1 ❑ schlafe sehr gut
2 ❑ 1 bis 2-mal in der Woche schlecht
3 ❑ kann fast täglich nicht ein- oder durchschlafen
4 ❑ schlafe jeden Tag schlecht
5 ❑ habe nachts immer eine innere Unruhe – komme nie in den Tiefschlaf

4. Wie gehen Sie mit Kritik Ihrer Mitmenschen um?

1 ❑ gelassen
2 ❑ ein wenig gereizt
3 ❑ leicht aggressiv
4 ❑ Sie reagieren leicht wie das »HB-Männchen« und gehen in die Luft...
5 ❑ sehr cholerisch

5. Wie reagieren Sie in Stresssituationen?

1 ❑ gelassen
2 ❑ innerlich aufgewühlt und leicht aggressiv
3 ❑ sehr schnell vorwurfsvoll
4 ❑ verbal aggressiv

Check – Sind Sie ausreichend mit Mikronährstoffen versorgt?

6. Zeigen Sie allergische Reaktionen bei Pollenflug?
1 ❑ nie
2 ❑ sehr selten
3 ❑ phasenweise
4 ❑ häufig
5 ❑ über das ganze Jahr verteilt

7. Reagieren Sie allergisch, z. B. auf Hausstaubmilben, bestimmte Nahrungsmittel etc.?
1 ❑ nie
2 ❑ sehr selten
3 ❑ häufiger
4 ❑ fast täglich
5 ❑ immer

8. Haben Sie im Laufe eines Jahres leichte Infekte (Schnupfen etc.)
1 ❑ nie
2 ❑ selten
3 ❑ primär in den Wintermonaten
4 ❑ über das Jahr verteilt
5 ❑ wenn größere Grippewellen anrollen

9. Haben Sie spezielle Probleme mit der Haut, Haaren, Fingernägel etc.?
1 ❑ nie
2 ❑ selten
3 ❑ manchmal
4 ❑ häufig
5 ❑ ständig

10. Fühlen Sie sich tagsüber phasenweise müde und schlapp?
1 ❑ nie
2 ❑ selten
3 ❑ häufiger
4 ❑ ständig

11. Schlafen Sie abends beim Fernsehen ein oder sind sehr müde?
1 ❑ nie
2 ❑ selten
3 ❑ häufiger
4 ❑ ständig

Check – Sind Sie ausreichend mit Mikronährstoffen versorgt?

12. Haben Sie über den Tag verteilt leicht auftretende Konzentrationsschwierigkeiten?

1 ❑ nie
2 ❑ selten
3 ❑ häufiger
4 ❑ ständig

13. Sind Sie ein Morgenmuffel?

1 ❑ nie
2 ❑ selten
3 ❑ häufig
4 ❑ immer

14. Zeigen Sie Stimmungsschwankungen?

1 ❑ nie
2 ❑ selten
3 ❑ häufiger
4 ❑ sehr oft

15. Sind Sie wetterfühlig?

1 ❑ nie
2 ❑ selten
3 ❑ häufig
4 ❑ immer bei kurzfristigen Wetteränderungen

Auswertung

So bewerten Sie Ihre Gesamtpunktzahl:

- Bei bis zu 20 Punkten zeigen Sie eine ausreichende Versorgung.
- Bei mehr als 24 Punkten können Sie schon von einer mangelnden Versorgung mit Mikronährstoffen ausgehen.
- Bei mehr als 32 Punkten können Sie von einem erheblichen Mangel an Mikronährstoffen ausgehen, der auch gesundheitlich bedenklich werden kann.
- 40 Punkte und mehr zeigen schon lange dringenden Handlungsbedarf an.

Einkaufsguide für wichtige Mikronährstoffe

Im Folgenden erfahren Sie etwas über die wichtigsten Qualitätskriterien für den Einkauf von Mikronährstoffen, mögliche konzentrierte natürliche Quellen sowie Dosierungsempfehlungen für einzelne Substanzen. Diese Empfehlungen beruhen auf unseren Erfahrungen zur Behebung eines nachgewiesenen Mangels und können, wie zuvor gesagt, starken individuellen Schwankungen unterliegen.

Vitamin C

Vitamin C ist eines der wichtigsten Antioxidanzien. Zur besseren Aufnahme sollte das wasserlösliche Vitamin in mehreren Portionen über den Tag verteilt eingenommen werden. Magenempfindliche nehmen es am besten nach einer Mahlzeit ein.

Dosierungsempfehlung 500-1500 mg

Einkaufstipp Empfehlenswert ist die säuregepufferte Form von Vitamin C, das Kalziumascorbat. Es gibt auch Vitamin-C-Kapseln, die das Vitamin zeitlich verzögert abgeben und die man nur einmal täglich nehmen muss. Allerdings können die eingesetzten Hilfsstoffe bei Einzelnen allergische Reaktionen auslösen.

Natürliche Quellen Acerola-Taler, Sanddornerzeugnisse, Hagebuttenmus

Vitamin E

Vitamin E ist unerlässlich zur Abwehr freier Radikale. Man sollte es immer während einer Hauptmahlzeit einnehmen. Vermeiden sollten Sie aber die Einnahme von Vitamin E in den Abendstunden, weil es dann den Tiefschlaf verhindern kann.

Dosierungsempfehlung 150-400 mg (Dosierungen über 400 mg können zu innerer Unruhe führen, Dosierungen über 800 mg können die Schilddrüsenhormone beeinträchtigen)

Unbedingt beachten: Höhere Dosierungen und qualitativ hochwertige Produkte sind nur im medizinischen Fachhandel, in Reformhäusern und Apotheken erhältlich. Dort werden Sie auch als diätetische Nahrungsergänzungsmittel bezeichnet. Zahlreiche unseriöse Firmen bieten Nahrungsergänzungsmittel »von Haustür zu Haustür« oder über das Internet an.
Lassen Sie die Finger davon!

Für eine grundsätzliche Nahrungsergänzung empfehlen wir täglich Vitamin C, Vitamin E, Magnesium, Zink und Selen. Auch eine gezielte Ergänzung mit höher dosierten Vitamin-B-Komplexen und L-Carnitin kann bei moderatem Bewegungstraining sinnvoll sein.

Sanddornbeeren sind eine gute Quelle für Vitamin C. Im Reformhaus bekommen Sie Sanddorn in verschiedenen Zubereitungen, die sich zur Nahrungsergänzung eignen.

Einkaufstipp Natürliches Vitamin E hat eine bessere Bioverfügbarkeit, achten Sie auf die Bezeichnung d- oder RRR-alpha-Tocopherol. 1 mg entsprechen 1,5 I.E. (Internationale Einheiten)
Natürliche Quellen Weizenkeim-Vollextrakt, Weizenkeimöl

Magnesium

Magnesium ist wie geschaffen für mehr Lebensqualität! Es wirkt nervenentspannend, beugt Muskelkater und Wadenkrämpfen vor, hilft gegen Stress und Kopfschmerz und nützt bei Verspannungen im Halswirbelsäulenbereich. Ratsam ist eine längerfristige Einnahme, damit die Wirkung zum Tragen kommt. Man sollte zur Einnahme von Magnesium Obst, z. B. eine Banane essen, das fördert die Aufnahme.
Dosierungsempfehlung 3-mal 150 mg über den Tag verteilt
Einkaufstipp Anorganische Magnesiumsalze wie z. B. Magnesiumcarbonat und Magnesiumoxid werden nicht optimal aus dem Darm aufgenommen. Optimal sind dagegen proteingebundene Magnesiumverbindungen (Chelate, z. B. Apartate oder Orotate). Auch muss man auf die Mengenangaben achten: 250 mg Magnesiumoxid entsprechen nur 150 mg reinem Magnesium!
Natürliche Quellen Weizenkeime, Kakaoerzeugnisse, Vollkornprodukte, Sojabohnen, Hülsenfrüchte, Nüsse, Cashewkerne, Trockenobst, Gemüse, Krabben, Seezunge

Zink

Zink ist ein wichtiger Mitspieler der Enzyme, stärkt das Immunsystem und spielt für die Insulinbalance eine große Rolle. Wie bereits erwähnt, behindert die gleichzeitige Zufuhr von Eisen und Kupfer die Zinkaufnahme, deshalb sollten entsprechende Präparate um mindestens sechs Stunden zeitlich versetzt eingenommen werden.
Dosierungsempfehlung 15-30 mg reines Zink

Einkaufstipp Am besten werden proteingebundene Zinkverbindungen mit der Aminosäure Histidin vom Körper aufgenommen. Beachten Sie die Mengenangaben: 40 mg Zinkorotat entsprechen nur 6,3 mg reinem Zink!
Natürliche Quellen Austern, Fleisch, Vollkornprodukte

Selen

Selen ist eine der wichtigen Substanzen, die in unseren Böden und den darauf produzierten Nahrungsmitteln immer weniger vorkommen. Dabei ist es besonders wichtig bei geschwächtem Immunsystem oder intensiver körperlicher Aktivität. Selen sollte mit einstündigem Abstand zu einer Vitamin-C-Zufuhr eingenommen werden.
Dosierungsempfehlung 50-200 µg
Einkaufstipp Optimal ist proteingebundenes Selen wie z. B. Seleno-Methionin, da unempfindlicher gegenüber Störangriffen im Darm, aber auch Selenhefeverbindungen sind möglich.
Natürliche Quellen Eier, Fisch, Hühner- und Schweinefleisch, Vollkornprodukte

Carotinoide

Es gibt über 600 verschiedene Carotinoide, die zu den wertvollen sekundären Pflanzenstoffen zählen. Eine Vielzahl dieser Mikronährstoffe nehmen Sie auf, wenn Sie bei der Auswahl von Gemüse, Obst, Salaten und Trockenfrüchten auf möglichst viel Abwechslung achten. Optimal aufgenommen werden Carotinoide aus der Nahrung nur durch gute Zerkleinerung, mildes Dünsten oder Dämpfen und die Zugabe von etwas Nahrungsfett.
Dosierungsempfehlung Betacarotin: 10-20 mg, Lykopin: 12 mg
Einkaufstipp Betacarotin ist in den meisten Multivitaminpräparaten enthalten. Achten Sie darauf, ob die entsprechenden Angaben

Betacarotin als Vorstufe kann im Körper nur zu Vitamin A umgewandelt werden, wenn Sie gleichzeitig etwas Fett dazu aufnehmen. Machen Sie geraspelte Möhren mit ein paar Tropfen kaltgepresstem Öl an, und auch ein Löffel Schlagsahne oder eine Kugel Vanilleeis zu frischen Aprikosen sind so prima gerechtfertigt!

Ergänzen Sie Ihre Ernährung durch jodhaltiges Salz, oder essen Sie zwei- bis dreimal wöchentlich Seefisch.

Mikronährstoffe sollten Sie sich zwar nicht gerade schüsselweise zuführen, aber eine gezielte Ergänzung ist in den meisten Fällen sinnvoll, um Mangelzuständen vorzubeugen.

auf der Verpackung der Dosierungsempfehlung entsprechen.
Natürliche Quellen ungeschwefelte getrocknete und frische Aprikosen, Pfirsiche, Möhren, Endivien, Feldsalat, Spinat, Präparate mit der Mikroalge »Dunaliella salina«, alle tiefgelben bis orangeroten Früchte und dunkelgrünen Blattgemüse

B-Vitamine

Dies ist eine große Vitaminfamilie; vor einer zusätzlichen Zufuhr ist eine zelluläre Messung des Blutstatus der B-Vitamine zu empfehlen, um wirklich gezielt einen Mangel auszugleichen. Dringend empfohlen wird die zusätzliche Einnahme von Folsäure für Schwangere sowie von Vitamin B12 für Menschen über 50 Jahre.
Dosierungsempfehlung B1, B2, B3, B5: 10-50 mg, B6: 10-50 mg, B9: 400-800 µg; B12: bis zu 100 µg
Einkaufstipp Kombinationspräparate enthalten nur selten Dosierungen nach den genannten Empfehlungen, meist muss man mehrere Präparate kombinieren
Natürliche Quellen B1, B2, B6: Hefeprodukte, Vollkornprodukte, Weizenkeime, Samen und Nüsse; B12: in tierischen und vergorenen Lebensmitteln, Hefeprodukten; Folsäure, Niazin, Panthothensäure: Hefeprodukte mit Folsäure, Weizenkeime

L-Carnitin

L-Carnitin hat schützende Wirkung auf das Immunsystem, unterstützt das Regenerationsverhalten der Muskulatur und optimiert den Fettstoffwechsel. Der Körper stellt es selbst her, braucht dazu aber auch ausreichende Mengen von Vitamin C, B6, Niacin und Eisen. Eine zusätzliche Zufuhr ist vorwiegend bei Herz-Kreislauf-Erkrankungen sinnvoll, aber auch eventuell bei Vegetariern, da Carnitin vorwiegend in Fleisch enthalten ist.

Die präventive Auswirkung besteht hauptsächlich in der verbesserten Immunkompetenz der einzelnen Zellen.

Dosierungsempfehlung Einen präventiven Effekt erreichen Sie bei einer Zufuhr von 1–3 g

Einkaufstipp Präparate aus dem Ausland sind häufig verunreinigt mit anderen Stoffen. Achten Sie bitte beim Kauf auf das Etikett mit Bezeichnung L-Carnipure ®, da dies ein Garant für reines L-Carnitin ist und eine Verunreiningung durch das D-Carnitin ausgeschlossen ist.

Natürliche Quellen dunkles Fleisch (insbesondere Lammfleisch), Milch, Eier, Vollkornprodukte

Ein Kombinationspräparat mit den hier aufgeführten Dosierungen der einzelnen wichtigen Mikronährstoffe gibt es nicht, da es schon der Kategorie eines Arzneimittels zugeordnet würde. Entscheiden Sie sich für ein Kombipräparat, sollten Sie dieses je nach Qualität und Dosis der Einzelsubstanzen gezielt durch Monopräparate ergänzen.

Wichtige Tipps

- **Ihr individueller Bedarf an Mikronährstoffen hängt von Ihrem Ernährungsverhalten, Ihrer persönlichen Aufnahmefähigkeit dieser Stoffe aus dem Magen-Darmtrakt und dem Grad Ihrer körperlichen Beanspruchung (z. B. durch Sport) ab (siehe Seite 72).**
- **Es gibt keine Patentrezepte für die Zufuhr von Mikronährstoffen, die für jeden passend wären, sondern nur die zuvor beschriebenen Grundelemente und Dosierungen bei der Einnahme.**
- **Lassen Sie sich nicht durch verschiedene Institute und Berichte in den Medien verunsichern. Folgen Sie lieber dem Motto »Apfel plus Vitaminpille«, aber diese mit Qualität.**
- **Wenn Sie wissen wollen, ob sich Ihre Einnahme von Mikronährstoffen auch positiv ausgewirkt hat, so lassen Sie dies durch eine spezielle Blutanalyse in der Zelle überprüfen. Auf Seite 205 finden Sie eine Adresse, wo Sie eine entsprechende Untersuchung durchführen lassen können.**
- **Für die Nahrungsergänzung mit qualitativ guten Mikronährstoffen müssen Sie mit Kosten von etwa 30 bis 40 € pro Monat rechnen.**

»In der Ruhe liegt die Kraft« – na klar,
aber woher die Ruhe nehmen, wenn es
mal wieder drunter und drüber geht?
Auch die Psyche will gepflegt werden,
damit einem die Alltagsbelastungen
nicht über den Kopf wachsen.

Gelassen geht alles viel besser

Entspannt das Leben genießen

Überfüllte Verkehrsmittel oder Straßen, Termindruck, eine bunte und laute Kulisse von wechselnden Bildern und Geräuschen – das prägt unseren Alltag. Das kann anregend sein und macht das Leben interessant, aber oft genügt eine kleine Unpässlichkeit, und man empfindet das ganze Getriebe als unerträgliche Nervenbelastung.

Gelassen in sich selbst ruhen – das kann man lernen.

Aktive Strategien zum Stressabbau

Eigentlich klagt jeder über Stress – und meint damit, dass er ziemlich viel um die Ohren hat. Im Beruf gehört es geradezu zum guten Ton, gestresst zu sein als Markenzeichen des engagierten, dynamischen Arbeitnehmers. Am Abend »entspannen« wir dann vor dem Fernseher, um mit einem Kopf voll unbewältigter Tagesprobleme und den neuesten Schreckensnachrichten aus aller Welt oft nur mühsam in einen unruhigen Schlaf zu finden.

Und erst die Wochenenden oder gar der Urlaub! Diese »schönste Zeit des Jahres« wird oft die anstrengendste, weil nun all das nachgeholt werden muss, wozu wir sonst nicht kommen. So wird bei vielen Menschen auch die Freizeit zur totalen Überforderung von Körper und Seele. Unser Lebensstil macht uns nicht nur abgehetzt und ewig unzufrieden, sondern auf Dauer auch krank.

Die Seele und der Körper leiden

Jahrzehntelanger Stress zieht sich oft wie ein roter Faden durch Krankengeschichten: Dauernde seelische Überbelastung schädigt das Herz und andere Organe. Erhöhte Stresshormonpegel machen langfristig die Knochenstruktur brüchig und sorgen für ungesunde Fettablagerungen.

Vielleicht am gravierendsten aber ist die Beeinträchtigung des Immunsystems. Die Abwehrkraft gegen Krankheitserreger lässt nach, und wir werden immer anfälliger für Infektionen oder Krebserkrankungen. Auch körpereigene Signale werden vom Immunsystem fehlinterpretiert, und es kommt zu Allergien, Autoimmunerkrankungen, Entzündungen und rheumatischen Erkrankungen.

Entspannung kann man lernen

Natürlich sind wir nicht immer »selbst schuld« – jeder kennt auch Stresssituationen, denen man kaum entgehen kann. Sorgen um den Arbeitsplatz, schwere Erkrankungen oder Todesfälle in der Familie, langjährige Pflege älterer Angehöriger oder ernste Probleme mit den Kindern: Solche und andere Situationen stellen unsere körperliche und seelische Widerstandskraft auf eine harte Probe. Wenn Sie unseren Vorschlägen für ein moderates Bewegungstraining, eine ausgewogene Ernährung und sinnvolle Ergänzung mit Mikronährstoffen folgen, haben Sie eine hervorragende Ausgangsposition, um auch in »harten Zeiten« nicht die Nerven zu verlieren. Sie sollten aber auch eine für Sie passende Entspannungsmethode erlernen, mit der Sie sich aus Überlastungssituationen »ausklinken« können, um sich anschließend seelisch gestärkt an die Herausforderungen zu wagen.

Sehr selten kann man sich aus einer Stresssituation spontan in ländliche Idylle, Waldeseinsamkeit oder schlicht ins heimische Bett zurückziehen. Entspannungstechniken sind ein Mittel, sich auch mitten in großer Anspannung »auszuklinken« und einen ruhigen Ort in sich selbst zu finden.

Die verschiedenen Methoden

Es gibt eine Vielzahl von Entspannungsmethoden, aus denen Sie wählen können. Einige Techniken haben sich in der Praxis besonders bewährt, weil sie einfach zu erlernen sind und man sie ohne große Vorbereitung dann einsetzen kann, wenn man sie akut braucht: in einer Stresssituation nämlich oder zur kurzen Kräfteauffrischung zwischendurch.

Außerdem ist für Ihre Wahl entscheidend, was für ein Typ Sie sind: Manche Menschen können am besten über die Kraft ihrer Gedanken entspannen, andere über bewusste Sinneswahrnehmungen und wieder andere durch gezielte körperliche Übungen. Finden Sie selbst heraus, womit Sie am leichtesten zur inneren Harmonie kommen! Allen Techniken ist allerdings gemeinsam, dass Sie einige Zeit üben müssen, damit Sie sie auch wirkungsvoll einsetzen können.

Nichts für Ungeduldige – das autogene Training, denn es dauert einige Wochen, bis man die Übungen wirkungsvoll einsetzen kann. Es kann aber sehr tief und umfassend über die eigentliche Übungszeit hinaus wirken und viele psychisch-vegetativen Störungen wie z. B. Schlaflosigkeit positiv beeinflussen.

Autogenes Training

Dieser »Klassiker« der Entspannungsmethoden ist für viele Menschen ein wirksames Mittel gegen Abgespanntheit, innere Unruhe, Konzentrations- oder Schlafprobleme. Durch gedankliche Konzentration auf bestimmte Körperregionen lassen sich autosuggestiv Muskelspannung, Atmung, Durchblutung und Herztätigkeit beeinflussen. Großer Vorteil: Es lässt sich überall und in jeder Situation anwenden – wenn man es beherrscht.

An sich braucht man nicht mehr, als eine entspannte Sitz- oder Liegehaltung anzunehmen und sich gedanklich einige bewährte Suggestionsformeln (»Mein rechter Arm ist schwer, warm etc.) in einem bestimmten Rhythmus zu wiederholen. Die Technik lässt sich also theoretisch nach einem Anleitungsbuch erlernen. In der Praxis bedarf es jedoch meist längerer Übung, bevor die Autosuggestion wirklich gelingt. Auch ist ein erfahrener Lehrer anfangs von großem Vorteil, um durch die an sich einfachen Übungen zu führen. Es ist unbedingt sinnvoll, einen Kurs für autogenes Training zu besuchen, wenn man sich für diese Methode entscheidet.

Die progressive Muskelentspannung

Dieses raffiniert einfache Entspannungskonzept wurde von dem Physiologen Edmund Jacobson an der Harvard University entwickelt. Nacheinander werden im Liegen oder Sitzen einzelne Muskelpartien von den Zehenspitzen bis zur Stirn jeweils fünf bis zehn Sekunden lang kräftig angespannt und dann für 20 bis 30 Sekunden wieder gelockert. Die Methode erhöht die Sensibilität für muskuläre Verspannungen und trainiert die Fähigkeit, diese bewusst zu lösen.

Nach längerem Üben erreicht man damit einen tiefen physischen und psychischen Entspannungszustand. Der »Trick« dabei: Nach jeder Anspannung kommt es in der anschließenden Entspannungs-

phase zu einem geringeren Muskeltonus, die Atmung vertieft sich und wird langsamer, die Blutgefäße erweitern sich, Herzfrequenz und Blutdruck sinken.
Die progressive Muskelentspannung ist leicht zu erlernen und gut allein durchzuführen. Es ist aber am Anfang sehr hilfreich, wenn eine andere Person Anweisungen gibt, welche Muskeln in welcher Reihenfolge »dran« sind und wie lange der Spannungs- bzw. Entspannungszustand gehalten werden soll.
Es gibt im Handel ausgezeichnete Tonkassetten und -CDs (Bezugsquellen siehe Seite 205), mit deren Hilfe Sie so lange üben können, bis Sie Ihr Programm »intus« und ein Zeitgefühl für die Dauer der einzelnen Übungen bekommen haben.

Meditation

Meditation klingt für viele ziemlich hochtrabend und nach fernöstlicher Guruweisheit. Meditation bedeutet aber nichts anderes als innere geistige Sammlung, die in vielen verschiedenen Formen stattfinden kann. Sie ist nicht nur ein bewährtes Entspannungsverfahren, sondern kann auch Kreativität, Konzentrationsfähigkeit, Gedächtnis und geistige Beweglichkeit fördern oder z. B. gegen Schlafprobleme, Angstzustände, Kopfschmerzen oder depressive Verstimmungen helfen.
Beim Meditieren geht es darum, die Gedankenflut im Inneren eine Zeit lang zur Ruhe zu bringen, Probleme und Anforderungen des Tages auszublenden und die alltägliche Bewusstseinsebene langsam zu überschreiten. Das Ziel ist ein völlig entspannter, dabei aber geistig hellwacher Zustand, der Sie erfrischt und zu mehr innerer Ruhe und Selbstsicherheit führt. Es gibt unterschiedliche Wege der Meditation, die Sie ausprobieren können. Werden Sie nicht ungeduldig, wenn es nicht auf Anhieb gleich klappt, die innere Sammlung ist für viele von uns ein zunächst sehr ungewohnter Zustand.

Bei innerer Anspannung und Überforderung erhöht sich unwillkürlich der Muskeltonus. Daraus entstehen Muskelverspannungen und Blockaden, die wiederum Durchblutungsstörungen, Kopfschmerzen, Rückenschmerzen und Angstgefühle nach sich ziehen.

Kraftvolle Muskelanspannung wird gefolgt von wohl tuendem Lockerlassen – so funktioniert das Training nach Jacobson.

Meditieren kann man nicht nur daheim im »stillen Kämmerlein«. Auch eine schöne Naturszenerie gibt einen inspirierenden Rahmen für die innere Sammlung.

Meditationsübungen können dabei helfen, das Leben wieder ins Gleichgewicht zu bringen, wenn man Vitalität und Energie verloren hat. Die klassische Sitzhaltung ist nicht unbedingt Voraussetzung, sollte aber geübt werden, denn sie stimmt Geist und Körper in idealer Weise auf innere Konzentration und stille Sammlung ein.

Das äußere Drum und Dran

Die »klassische« Meditationshaltung ist der Lotossitz – schön, wenn man's kann, aber nicht wirklich wichtig zur Entspannung. Wählen Sie eine Ihnen angenehme Haltung, die Sie gut beibehalten können, ohne sich zu verkrampfen, einschlafen sollen Sie aber auch nicht! Sie können im Schneidersitz oder auf dem Boden mit gestreckten Beinen und dem Rücken an eine Wand gelehnt sitzen oder auch angelehnt auf einem Stuhl mit geschlossenen Beinen und Füßen. Oder Sie legen sich auf den Boden auf eine nicht zu weiche Unterlage.

Anfangs sollten Sie sich 20 bis 30 Minuten Zeit nehmen für Ihre Meditation und dafür eine ungestörte, angenehme Atmosphäre schaffen. Gedämpftes Licht oder sanfte Hintergrundklänge empfinden viele Menschen als hilfreich. Versuchen Sie später aber auch immer wieder, kleine Arbeitspausen oder einen Spaziergang zum Meditieren zu nutzen – Ihre Entspannungsmethode soll schließlich auch in Stresssituationen funktionieren!

Konzentration auf den Atem

Dies kann Ihr Einstieg in die Meditation sein oder auch die Meditationsform selbst darstellen – das bewusste »Hinhören« auf den eigenen Atem ist ein ausgezeichnetes Mittel, geistig zur Ruhe zu kommen. Schließen Sie die Augen, und konzentrieren Sie sich auf den Rhythmus und das Gefühl Ihres Atmens – ohne dabei die Atmung zu forcieren. Atmen Sie einfach langsam und gleichmäßig, und beobachten Sie dabei, wie die Atemluft ein- und ausströmt, Ihre Bauchdecke und der Brustkorb sich bei jedem Atemzug weiten und wieder senken. Konzentrieren Sie sich ganz auf diesen Vorgang, und lassen Sie sich nicht durch abschweifende Gedanken irritieren. Gut möglich, dass Ihnen jetzt gerade einfällt, was Sie noch Wichtiges erledigen müssen – kämpfen Sie nicht gegen die Ablenkung an, aber verfolgen Sie den Gedanken auch nicht weiter.

Der Atem steht in enger Verbindung zu unserer seelischen Verfassung: Bei Aufregung oder Schreck atmen wir unwillkürlich schneller, oder es »stockt uns der Atem«. Durch bewusst ruhiges Atmen kommen wir innerlich wieder zur Ruhe und finden seelische Gelassenheit.

Konzentration auf einen Gegenstand

Eine andere Meditationsform ist die konzentrative Versenkung in einen Gegenstand. Wählen Sie ein Bild, einen attraktiven Dekorations- oder Kunstgegenstand, eine Blüte oder einen Zweig oder auch eine schöne Aussicht – es sollte ein nicht zu komplexer Gegenstand sein, sondern eine eher schlichte Form. Konzentrieren Sie sich ganz auf diesen Gegenstand, und nehmen Sie jedes Detail bewusst wahr. Zu viele Einzelheiten würden Sie bei der Vertiefung der Betrachtung ablenken; entdecken Sie, welche Vielfalt auch in der Einfachheit liegt und geben Sie sich ganz der stillen Anschauung hin.

Visualisieren und Phantasiereisen

Diese Meditationsformen können Sie ganz unabhängig von Ort und Zeitpunkt ausführen. Versuchen Sie zunächst, sich innerlich von gerade anstehenden Problemen und bedrängenden Gedanken zu lösen

Man muss nicht unbedingt im Urlaub sein, um ihn genießen zu können! Meeresbrandung oder luftige Bergesgipfel können Sie auch aus Ihrer Phantasie hervorzaubern – und manchmal ist das entspannender, als zwischen Flugplatzhektik und überfülltem Strand in der Realität Ihrem Traumurlaub nachzujagen.

und durch ruhiges Atmen die Entspannung einzuleiten. Setzen Sie dann Ihre Phantasie in Gang, und stellen Sie sich eine angenehme Situation vor. Das kann die Erinnerung an ein schönes Erlebnis sein, aber auch das reinste »Luftschloss« – hier dürfen Sie sich einmal hemmungslosem Wunschdenken hingeben!

Wichtig ist nur, dass Sie sich ganz intensiv in die Situation hineinversetzen und sich jedes Detail ausführlich ausmalen und genießen. Setzen Sie dabei alle Sinne ein: Bei einem Traumspaziergang über eine blühende Wiese im Sommer achten Sie z. B. genau auf die vielen verschiedenen Blütenfarben und -formen, Sie nehmen die summenden Insekten und zwitschernden Vögel wahr, genießen den Duft des Grases und das herrliche Gefühl, wenn eine sanfte Sommerbrise über Ihre Haut streicht.

Sie können Ihre Wunschvorstellung auf eine »Momentaufnahme« beschränken oder zu einer ganzen Reise ausweiten. Wichtig ist nur, dass die Intensität Ihrer Vorstellungskraft Sie ganz aus dem Hier und Jetzt entführt in einen zufriedenen, entspannten Zustand von völligem körperlichen und seelischen Wohlbefinden.

Der Atem als Lebenselixier

Die meisten der durchschnittlich etwa 20 000 täglichen Atemzüge machen wir unbewusst, aber für das Wohlbefinden jeder einzelnen Körperzelle ist wichtig, wie der Kohlendioxid- und Sauerstoffaustausch durch den Atem reguliert wird. Die Psyche hat darauf großen Einfluss: Wenn wir verspannt, unruhig oder deprimiert sind, wird auch die Atmung flach, unregelmäßig oder krampfhaft forciert.

Regelmäßige körperliche Bewegung ist ein gutes Mittel, um die Atmung zu harmonisieren. Bei verstärktem Muskeleinsatz beschleunigt und vertieft sich der Atem, und wenn auch die Atemfrequenz nach der Anstrengung wieder zur Ruhe kommt, bleiben doch noch eine ganze Zeit lang die Atemzüge intensiver. Man kann aber auch gezielt Atemübungen einsetzen, denn der Zusammenhang zwischen Psyche und Atem ist keine Einbahnstraße: Die richtige Atemtechnik vergrößert nicht nur Ihre Lungenkapazität und verbessert die Sauerstoffversorgung des ganzen Organismus, sondern sie wirkt auch entspannend und beruhigend.

Ein paar einfache Übungen können in Stresssituationen oder bei Angstzuständen rasch helfen, das innere Gleichgewicht wiederherzustellen.

Bewusst das Zwerchfell einsetzen

Babys und Kleinkinder beherrschen sie noch ganz natürlich – die tiefe Bauchatmung. Schlechte Körperhaltung, Stress und innere Anspannung führen im Erwachsenenalter immer häufiger dazu, dass wir nur noch flach mit dem Brustkorb atmen. Dabei erlahmt auf Dauer das Zwerchfell, das den Brust- vom Bauchraum trennt. Trainieren Sie die natürliche Bauchatmung mit der folgenden Übung:

1. Stellen Sie sich aufrecht hin, oder legen Sie sich flach auf den Rükken. Legen Sie eine Hand flach auf die Brust, die andere auf die Region knapp über dem Bauchnabel.
2. Atmen Sie nun langsam und tief durch die Nase ein. Lenken Sie den Luftstrom so, dass sich zunächst die Hand über dem Nabel leicht hebt und erst anschließend der obere Brustkorb weitet und die andere Hand hebt. Blasen Sie sich nicht extrem auf wie ein Luftballon – der Atem sollte sanft, gleichmäßig und tief einströmen.
3. Halten Sie nicht die Luft an, sondern lassen Sie sie ebenso langsam durch die Nase wieder ausströmen. Dabei presst sich das Zwerchfell nach oben und drückt die verbrauchte Atemluft aus den Lungen – die Hand über dem Nabel senkt sich deutlich.

Bei sehr nervösen Menschen kann die Konzentration auf Lebensfunktionen wie die Atmung oder den Herzschlag Angst und Unruhe auslösen. Forcieren Sie dann nichts, sondern versetzen Sie sich in die Situation eines passiven Beobachters, der das Ein- und Ausströmen der Atemluft nur beobachtet.

Fühlen Sie, wie sich Brustkorb und Bauchdecke im Rhythmus der Atmung heben und senken.

4. Holen Sie erst wieder Luft, wenn die Lungen vollständig entleert sind. Wiederholen Sie die Übung 10- bis 15-mal, und versuchen Sie dabei, in ruhigem Rhythmus stets etwas tiefer zu atmen.

Anspannung abschütteln

Folgende Ausatemübung hilft in akuten Stresssituationen, innere Anspannung zu lösen und körperlich wieder locker zu werden.

1. Stellen Sie sich aufrecht mit leicht gespreizten Füßen hin und atmen Sie durch die Nase tief ein, zählen Sie dabei bis fünf.
2. Blasen Sie mit einem kräftigen Atemstoß durch den Mund die Luft wieder aus den Lungen, dabei lassen Sie Arme, Schultern und Oberkörper nach vorn fallen und gehen leicht in die Knie.
3. Während Sie wieder einatmen, zählen Sie bis zehn und strecken dabei die Knie und richten Oberkörper und Nacken langsam Wirbel für Wirbel wieder auf, ganz zum Schluss heben Sie den Kopf.
4. Wenn Sie wieder aufgerichtet sind, atmen Sie kurz aus und beginnen dann von neuem – etwa 3- bis 4-mal wiederholen.

Ein paar Atemübungen zwischendurch erfrischen wie ein kurzer Schlummer und können zur Not sogar in einer Besprechungspause auf der Toilette durchgeführt werden. Besser ist es natürlich, wenn Sie sich dazu ins Freie an die frische Luft begeben.

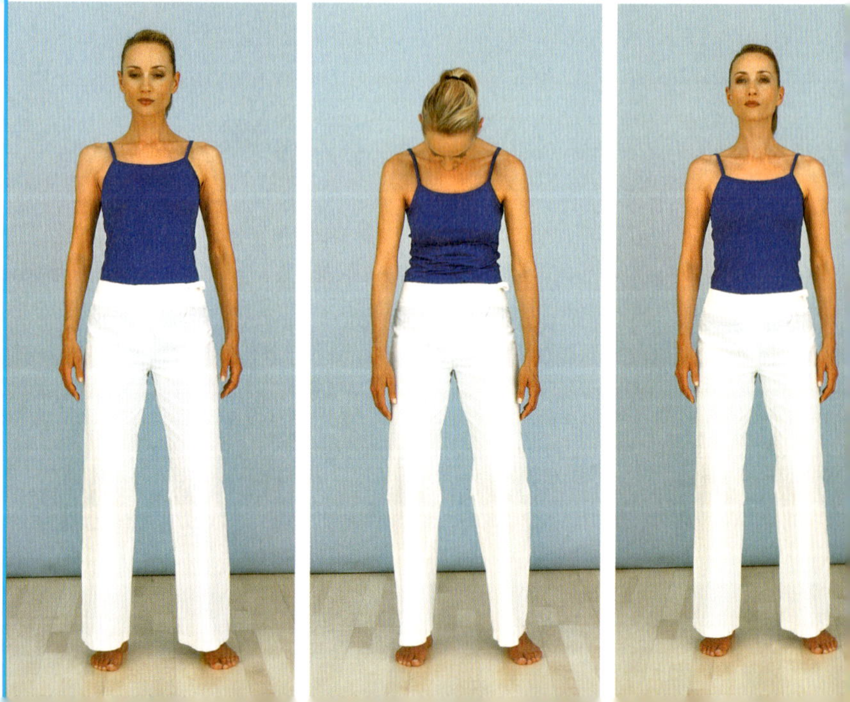

Von links ausgehend sehen Sie im Bild die Einatemphase, den Beginn der Ausatemphase und das Wiederaufrichten des Körpers zur nächsten Einatmung.

Ruhiger Atem – ruhiges Gemüt

Mit dieser Übung können Sie nach Hektik und Aufregung wieder zur Ruhe finden. Sie ist auch nützlich, wenn Sie nur schwer einschlafen können.

1. Sie können bei der Übung aufrecht stehen, gerade auf einem Stuhl sitzen oder entspannt auf dem Rücken liegen. Atmen Sie langsam und ruhig durch die Nase ein, und zählen Sie dabei bis fünf.
2. Halten Sie den Atem an, und zählen Sie wieder bis fünf.
3. Atmen Sie langsam aus, indem Sie wieder bis fünf zählen.
4. Wenn Ihre Lungen völlig leer sind, warten Sie einen Moment, bis Sie den instinktiven Impuls verspüren, wieder Luft zu holen. Halten Sie aber nicht bewusst den Atem an, und zählen Sie nicht.
5. Wiederholen Sie die Übung, bis Sie sich entspannt und ruhig fühlen (oder darüber einschlafen), versuchen Sie dabei langsam die Zählzeit fünf jeweils auf sechs, sieben oder acht zu verlängern.

Eine durchwachte Nacht macht noch keine Schlafstörung, viele Menschen leiden aber dauerhaft darunter, nicht einschlafen zu können, immer wieder aufzuwachen oder allzu früh nicht mehr weiterzuschlafen. Manchmal werden die Beschwerden durch organische Krankheiten verursacht, häufiger aber sind es seelische Probleme oder eine unpassende Schlafumgebung, die uns nicht zur Ruhe kommen lassen.

Schlafen wie ein Murmeltier

Davon können Sie nur träumen? Das teilen Sie mit vielen – mehr als drei Millionen Deutsche leiden dauerhaft unter Schlafstörungen. Das hat Folgen für die Konzentrations- und Leistungsfähigkeit, von mieser Laune nach gestörter Nachtruhe ganz zu schweigen. Die intensive nächtliche Ruhepause ist ein Elixier für körperliche und geistige Gesundheit, für Fitness und Gedächtnisleistung.

Der Hüter des Immunsystems

Wissenschaftler sind sich einig, dass ausreichender Schlaf das Immunsystem stärkt und besser regenerieren lässt. Besonders viel passiert dabei in den traumlosen Tiefschlafphasen: Zahlreiche Hormone werden produziert, um verbrauchte Vorräte aufzufüllen, das

Nichts hindert so wirksam am Einschlafen wie die innere Zwangsvorstellung, man müsse jetzt unbedingt endlich schlafen können. Stehen Sie besser auf, trinken Sie ein Glas Wasser oder Kräutertee, lesen Sie etwas, und kehren Sie erst ins Bett zurück, wenn Sie wirklich müde sind.

Beim Weckerklingeln frisch und ausgeruht aufwachen – für sehr viele Menschen ist das ein unerfüllter Wunschtraum.

Wachstumshormon Serotonin hilft, defekte Zellen zu reparieren, und das Immunsystem bildet neue Abwehrmoleküle gegen Krankheitserreger. Das Gehirn und die Nerven erholen sich von den vielen Reizen und Impulsen, die den ganzen Tag auf sie eingeströmt sind. Neue Studien zeigen, wie unzureichender Schlaf die immunologische Gedächtnisleistung beeinträchtigt, also die Fähigkeit des Immunsystems, einen Krankheitserreger zu erkennen und auszuschalten. Lübecker Forscher impften Versuchspersonen mit abgeschwächten Hepatitis-A-Erregern, um so eine Reaktion des Immunsystems zu provozieren. Geimpfte, die in der folgenden Nacht wach gehalten wurden, bildeten beträchtlich weniger Antikörper gegen den Erreger im Blut als die schlafende Kontrollgruppe. Zu diesem Ergebnis passt auch die Beobachtung, dass Menschen mit einer Infektion offenbar instinktiv länger und tiefer schlafen und so ihre Abwehr stärken.

Wie viel Schlaf braucht der Mensch?

Der durchschnittliche Deutsche geht um 23 Uhr zu Bett und schläft etwa sieben Stunden. Das sagt nicht viel, denn die optimale Schlafdauer ist eine individuelle Größe, die von Mensch zu Mensch sehr unterschiedlich sein kann. Babys schlafen 16 bis 18 Stunden täglich, vom Kleinkind bis zum Jugendlichen reduziert sich die Schlafdauer langsam bis auf etwa acht bis neun Stunden, während sehr alte Menschen oft nur noch vier Stunden in der Nacht schlafen – dafür aber immer mal wieder tagsüber ein Nickerchen halten. Körperlich hart arbeitende oder sehr gestresste Erwachsene brauchen mehr Schlaf als ausgeruhte Urlauber.

Wichtig ist also weniger, wie viele Stunden Sie geschlafen haben, als vielmehr, wie ausgeruht und frisch Sie sich anschließend fühlen. Mit den Jahren werden die Tiefschlafphasen kürzer und flacher durch die geringer werdende Melantoninproduktion. Alterstypische Schlafbeschwerden sind erschwertes Einschlafen, häufigere nächtliche Schlafunterbrechungen, frühzeitiges Erwachen und flacherer, als weniger erholsam empfundener Schlaf.

Wie man sich bettet...

Ein gesunder Erwachsener wechselt ungefähr 70-mal in der Nacht seine Schlafposition. Nach Messungen in Schlaflaboren tut er das umso häufiger, je härter seine Unterlage ist – der Druck einzelner Körperteile auf die Unterlage stört punktuell die Durchblutung und lässt uns eine bequemere Lage suchen. Ein gesunder und trainierter Mensch wird dadurch nicht in seinen Schlafphasen gestört, anders sieht es bei Wirbelsäulenproblemen und Muskelverspannungen aus. Da führen die häufigen Veränderungen der Schlafposition zu starken Bewegungsschmerzen und Schlafdefiziten.

Ältere Menschen spüren oft, dass ihre Energie nicht mehr für den ganzen Tag reicht, und schätzen einen kleinen Mittagsschlummer. Wenn dieser aber allzu ausgedehnt wird, verkürzt sich zwangsläufig die Zeit des Nachtschlafs. Stehen Sie dann auf, und genießen Sie bewusst die frühen Morgenstunden, statt sich zu ärgern und rastlos im Bett herumzudrehen.

Strategien gegen Schlaflosigkeit

- **Schlaf lässt sich nicht erzwingen: Denken Sie nicht zwanghaft über die Schlaflosigkeit nach. Eine durchwachte Nacht sollten Sie nicht übermäßig ernst nehmen.**
- **Schlafdruck aufbauen: Wenn Sie nicht einschlafen können, sollten Sie nach 15 bis 20 Minuten aufstehen, etwas lesen oder wechselnd warme und kalte Fußbäder machen. Gehen Sie erst bei Müdigkeit wieder ins Bett.**
- **Schlaf nicht tagsüber nachholen: Der Versuch, den Schlaf tagsüber nachzuholen, verlagert das Problem in die weitere Zukunft, und man wird in den folgenden Nächten wieder Schlafprobleme bekommen.**
- **Probleme »ablegen« und entspannen: Nächtliches Grübeln lässt sich vermeiden, indem Sie Probleme vor der Nachtruhe kurz notieren und »ablegen«. Entspannen Sie sich durch leichte Muskel- oder Atemübungen, und visualisieren Sie angenehme Szenen/Bilder.**

»Schlafkiller« ersten Ranges sind Hausstaub- und Pollenallergien. In den frühen Morgenstunden ist die Körperabwehr stark herabgesetzt, und es treten oft die schlimmsten Beschwerden auf. Sorgen Sie für ein möglichst »plüschfreies« luftiges Schlafzimmer, und lassen Sie die Fenster geschlossen – denn auch die Pollenbelastung der Luft ist am frühen Morgen am stärksten.

»Entstauben« Sie Ihr Schlafzimmer

Nur wenige Schlafzimmer werden wirklich unter dem Aspekt eingerichtet, dass man dort eine erholsame Nachtruhe findet. Entweder stehen rein praktische Überlegungen im Vordergrund, oder aber man lässt sich bei Neuanschaffungen von innenarchitektonischen Trends beeindrucken.

Werfen Sie mal einen kritischen Blick in Ihre »Schlummerhöhle«: Fühlen Sie sich dort so richtig behaglich, geborgen und sicher? Uralte Instinkte sagen uns nämlich, dass wir im Schlaf relativ wehrlos möglichen »Bedrohungen« ausgesetzt sind und daher nur tief schlummern, wenn wir glauben, ein sicheres Plätzchen zu haben. Und vielleicht vermittelt Ihnen weder das ererbte »zweischläfrige« Prunkstück noch das modische Futonlager dieses Gefühl.

Neue Schlafsysteme ausprobieren

Kernstück gesunden Schlafes ist natürlich das Bett. Sparen Sie hier nicht am falschen Platz! Jenseits der 45 sollte man bei einer Neuanschaffung einen nicht zu niedrigen Rahmen wählen – ein etwas höheres Bett ist weitaus bequemer beim Ein- und Ausstieg und muss keineswegs aussehen wie ein Altenheimmodell. Bettkästen sind zwar praktisch, aber auch wahre Staubfallen und lassen nur wenig Luft an die Unterseite der Matratzen.

A propos Matratzen: Spätestens nach zehn Jahren sind neue fällig, denn dann ist auch die hochwertigste Unterlage verschlissen. Ob Latex, Federkern, verstellbarer Lattenrost, Futon oder Wasserbett – es gibt zahllose Schlafsysteme, und Sie sollten sich viel Zeit nehmen für eine ausführliche Beratung, um das für Sie Bequemste und Gesündeste zu finden.

Bei Schmerzen im Rücken- und Hüftbereich bewährt sind auch Spezialmatratzen und -kissen, die ursprünglich für NASA-Astronauten entwickelt wurden, um in der Startphase des Raumschiffs vor Drukkbelastungen zu schützen. Erreicht wurde das durch einen viskoelastischen und thermoaktiven Schaum mit hoher Raumdichte, der sowohl auf Druck als auch Temperatur reagiert und sich dem Körper anpasst (weitere Infos über Schlafsysteme: www.tempur.de). Wichtig ist in jedem Fall die individuelle Abstimmung von Unterlage und Bettzeug auf Ihre Bedürfnisse. Eigentlich immer ungeeignet sind daher auch große, durchgehende Matratzen für Partner – einer liegt immer zu weich oder zu hart.

Ein einfaches »Schlafmittel« ist das kurze kalte Fußbad, das man aber nur mit warmen Füßen beginnen sollte: Füllen Sie eine kleine Wanne mit kaltem Wasser, bis Ihre Füße bis zur Wade bedeckt sind. Wenn Sie das Wasser kaum noch als kalt empfinden, streifen Sie die Füße nur kurz ab und ziehen trockene Baumwollsocken an. Gehen Sie damit herum, und rollen Sie die Fußsohlen kräftig ab, bis die Füße wieder warm sind. Dann rasch ins Bett!

Tipps für süßen Schlummer

- Vermeiden Sie Kaffee, schwarzen oder grünen Tee in den Abendstunden. Alkohol am Abend lässt zwar rasch einschlafen, stört aber die spätere Tiefschlafphase. Eine Flasche Bier oder ein Glas Wein sind aber unbedenklich.
- Abends keine intensive sportliche Belastung mehr – besser ist ein moderates Ausdauertraining im Bereich der Fettverbrennung, um den Stress des Tages abzubauen.
- Ihr Schlafzimmer sollte ruhig sein, die Raumtemperatur zwischen 14 und 18 °C liegen. Gutes Lüften ist wichtig, schlafen bei dauernd geöffnetem Fenster fördert aber Infektionen der Atemwege.
- Keine aufregenden Krimis und Thriller als Bettlektüre!
- Essen Sie möglichst zwei bis drei Stunden vor dem Zubettgehen zu Abend. Meiden Sie abends schwere, fette und scharf gewürzte Speisen.
- Halten Sie möglichst regelmäßige Ruhe- und Aufstehzeiten ein.
- Gehen Sie nur bei Müdigkeit zu Bett, aber überschreiten Sie auch nicht den »toten Punkt«.
- 300 mg reines Magnesium zum Abendessen oder vor dem Schlafen dämpfen das vegetative Nervensystem und lassen ruhig schlummern.
- Ein Abendspaziergang wirkt entspannend und leitet die Ruhepause ein.

Wer ist SALUTO ?

SALUTO ist ansässig in Halle/Westfalen im GERRY WEBER Sportpark mit Blick auf das GERRY WEBER Stadion, dort wo sich jährlich die Tennisprominenz zum einzigen Rasentennisturnier in Deutschland – den GERRY WEBER OPEN – trifft. Das benachbarte Sportpark Hotel bietet auch den Gästen von SALUTO ein entsprechendes Ambiente.

SALUTO Gesellschaft für Sport und Gesundheit ist mittlerweile einer der größten medizinischen Dienstleister für Gesundheit und Fitness in Deutschland und arbeitete jahrelang zusammen mit der Universität Bielefeld, Arbeitsbereich Sportmedizin. Mit dem Herz- und Diabeteszentrum NRW in Bad Oeynhausen (Prof. Dr. med. R. Körfer/Dr. med. H. Koertke) wurden Forschungsprojekte durchgeführt, im Auftrag der Bertelsmann Stiftung in Gütersloh Screeningaktionen.

Wofür steht SALUTO ?

Der Name ist Programm: salutogenese bedeutet »Ursprung von Gesundheit«. SALUTO steht auf mehreren Säulen. Zum einen für Seminare und Vortragsveranstaltungen, Medical-Fitness-Checks, Forschungsprojekte und dem eigenen Bewegungsstudio. In diesen Bereichen werden die neuesten Er-kenntnisse über Gesundheit und Bewegung einer breiten Öffentlichkeit zugänglich gemacht. SALUTO steht für: »Lebensqualität pur« – in jedem Alter. SALUTO ist der Arbeitsplatz von Autor Dr. Elmar Wienecke (im Bild links) und Dr. rer. nat. Christian Schürmann. Sie sind geschäftsführende Gesellschafter und haben 1994 SALUTO gegründet. Dr. Christian Schürman (im Bild rechts) studierte Sport und Biologie und wurde mit dem Dissertationspreis der Westfälisch-Lippischen Universitätsgesellschaft ausgezeichnet. Als Dozent war er an der Universität von 1993 bis 1999 Fachleiter im Bereich Schwimmen und mitverantwortlich für die Sportlehrerausbildung.

SALUTO Know-How

In den vergangenen Jahren haben SALUTO und der Arbeitsbereich Sportmedizin der Universität Bielefeld 15 250 Personen aus unterschiedlichen Berufen und Sportarten untersucht. Es entstanden wissenschaftliche Studien und Pilotprojekte. Dr. Elmar Wienecke wird europaweit von Firmen zu Vortragsveranstaltungen eingeladen und fasziniert die Zuhörer mit seiner Kompetenz und Begeisterung.

Adressen und Literatur

▸ Sportmedizinische Leistungsanalyse, zelluläre Laboruntersuchungen:

SALUTO Gesellschaft für Sport und Gesundheit mbH, Gausekampweg 2, 33790 Halle, Tel. 0 52 01 / 81 50 50, www.saluto.de

Informationen zu den Themen Ernährung, gesundes Leben (auch Seminare)

Akademie für gesundes Leben in der Reformhaus-Fachakademie, Gotische Strasse 15, 61440 Oberursel, Tel. 0 61 72 / 30 09-8 22, Fax 06172 / 30 09-8 19, www.reformhaus-akademie.de

Bezugsquellen für CDs bzw. Tonkassetten zu Muskelrelaxation nach Jacobson:

▸ *D. Ohm ; J.-P. Garattoni:* Streßfrei durch Progressive Relaxation, Mehr Gelassenheit durch Tiefmuskelentspannung nach Jacobson, Trias Audio CD, ISBN 3893734562

▸ *Frank, Astrid:* Im Alltag entspannen mit Progressiver Relaxation. Ihr praktischer Schnellkurs. Buch mit Audio-CD, Stuttgart (Trias) 2000,

▸ *Geue, Bernhard:* Autogenes Training und Muskelentspannung. 2 Cassetten in Duo-Box. Stuttgart (Kreuz) 1993

▸ *Hennig, Marita:* Progressive Muskelentspannung nach Jacobson, 1. Audio-CD. Ein Hochgenuss für Körper, Geist und Seele. Schmallenberg 2001

▸ *Weber, Ralf Peter:* Aktiv entspannen, 1. Audio-CD. Progressive Muskelentspannung nach E. Jacobson. Freiburg (Bauer) 2001

Informationen über neue Schlafsysteme:

www.tempur.de

Literatur

▸ Deutsche Gesellschaft für Ernährung e.V.: Ernährungsbericht 2000. Frankfurt/M. 2000

▸ *Hamm, M.: Brainfood:* Fitmacher für kluge Köpfe. Mosaik Verlag 1999

▸ *Hollman, W.:* Sportmedizin. Hippokrates Verlag, Stuttgart 2000

▸ *Klentze, M:* Für immer jung durch Anti-Aging, München 2000

▸ *Latusseck, R.:* Vollkorn mit Halbwert: Nahrungsmittel verlieren immer mehr Nährstoffe. Welt am Sonntag Nr. 38, 22.09.2002

▸ *Loladze, I.:* Rising atmosphere Co2 and hu-man nutrition: toward globally imbalanced plant stoichlometry? Trends and Ecology & Evolution 2002, 17:457-461

▸ *Niemann, David C.:* The Exercise-Health Connection. How to Reduce Your risk of Disease and Other Illnesses by making Exercise Your Medicine. Human Kinetics 1998

▸ *Noelke, M.:* Abnehmen durch Trennkost, Verlag Dr. Noelke, Homberg/Ohm 2000

▸ *Szwillus, M.:* Rezepte für gute Laune – Nicht nur Schokolade macht glücklich. München 1999

▸ *Zehentbauer, J.:* Körpereigene Drogen – Die ungenutzten Fähigkeiten unseres Gehirns. Artemis & Winkler, 8. Aufl. 2000

Dank

Besonderer Dank gilt meiner Frau Marion, ohne die dieses Buch nie entstanden wäre.

Ich danke meinem Partner Herrn Dr. Christian Schürmann, der seit unserer gemeinsamen Gründung von SALUTO (Gesellschaft für Sport und Gesundheit) im Jahr 1994 mit mir das Fundament aufgebaut hat.

Ein herzliches Dankeschön den Herren Gerhard Weber und Udo Hardieck. Sie haben mit ihrem »Lebenswerk" dem Gerry Weber Stadion, dem Gerry Weber Sportpark und dem Sportparkhotel die Entwicklung von SALUTO begleitet und uns in all den Jahren unterstützt. Wir freuen uns auf die Fortführung dieser erfolgreichen Zusammenarbeit.

Besonderer Dank gebührt vor allem auch neuform VDR e.G., Oberursel, ohne die eine Realisierung dieses Projektes nicht möglich gewesen wäre. Ich freue mich schon auf weitere mit ihnen.

Hinweis
Das vorliegende Buch ist sorgfältig erarbeitet worden. Dennoch erfolgen alle Angaben ohne Gewähr. Weder Autor noch Verlag können für eventuelle Nachteile oder Schäden, die aus den im Buch gegebenen praktischen Hinweisen resultieren, eine Haftung übernehmen.

Bildnachweis

Alle Bilder stammen von Nicolas Olonetzky (c/o bascha kicki-photographers), München mit Ausnahme von:

Bongarts, Hamburg: 34 (N.N.); Corbis Stockmarket, Düsseldorf: 64 (LWA-Dann Tardif); Dr. Grandl GmbH, Augsburg: 184; Ifa-Bilderteam, München: 94 (Chmura); Jahreszeiten Verlag Syndication, Hamburg: 130 (Schardt Wolfgang); Jump, Hamburg: 27, 77, 149, 186 (Kristiane Vey), 30 (Ralph Wagner), 79, 82 (Martina Sandkühler), 84 (Leonhard Lenz), 89 (Christian Perret); Mauritius, Mittenwald: 162 (Stock Image); Reformhaus Information, Oberursel: 153 (N.N.); Südwest Verlag, München: 18, 157 (Barbara Bonisolli), 98 (Stefan Eisend), 135, 178 (Annette Falck), 165 (Antje Plewinski); Zefa, Düsseldorf: 38 (G. Baden), 116 (Sneider), 124 (A. Inden), 154 (Pete Leonard), 167 (A. Green), 200 (Virgo)

Die Außenaufnahmen entstanden mit freundlicher Unterstützung des Ammersee Restaurant in Herrsching (Tel: 08152-399440)

Impressum

Südwest Verlag (ein Unternehmen der Ullstein Heyne List GmbH & Co. KG)

Textbearbeitung und Redaktion: Dr. Marion Onodi
Redaktionsleitung: Ernst Dahlke
Bildredaktion: Tanja Nerger
Produktion: Angelika Kerscher (Leitung), Gabriele Kutscha
Layout: Zero, München
Umschlagkonzept: Lohmüller Werbeagentur, Berlin
Umschlag: Reinhard Soll
DTP: Mihriye Yücel, Herrsching

Printed in Italy

Gedruckt auf chlor- und säurearmem Papier

ISBN 3-517-06686-95

Register